QUESTIONS ET RAISONS

Directeur : Michel MALHERBE

L'ESPACE
De l'historicité de la notion d'espace

par

Thibaut GRESS

avec un texte

de

René DESCARTES

Les principes de la philosophie

Seconde partie : Des principes des choses matérielles
et Troisième partie : Du monde visible

PARIS
LIBRAIRIE PHILOSOPHIQUE J. VRIN
6 place de la Sorbonne, V e
2023

Descartes, *Œuvres philosophiques*, tome III : *Principes de la philosophie*, 2e partie § 1-27 et 3e partie § 1-2 et 45-47, éd. F. Alquié, © Paris, Classiques Garnier, 1973, p. 146-172, p. 221-222 et p. 248-252.

© *Librairie Philosophique J. VRIN*, 2023
Imprimé en France
ISSN 2430-7718
ISBN 978-2-7116-3115-5
www.vrin.fr

Ce livre est tout naturellement dédié aux khâgneux de Blomet en souvenir de l'année 2019-2020.

LE SENS DE L'ESPACE EST-IL INTROUVABLE ?

De Youri Gagarine, nous savons qu'il fut le premier homme à se rendre dans l'espace ; des petits appartements, nous déplorons qu'ils manquent d'espace ; de la séparation entre les mots écrits, nous savons qu'elle requiert une espace ; à l'enfant inquiet, nous disons que nous ne partons que l'espace d'un instant ; de l'espace de stockage nous disons avec déception qu'il est plein.

Ainsi l'espace s'avance-t-il en ordre dispersé quant à son sens : aussi bien espacement vide que contenant, milieu lointain situé au-delà de l'atmosphère terrestre autant qu'environnement proche, il semble signaler par sa polysémie la difficulté que nous avons à en saisir la nature véritable. Flagrant est alors le contraste avec la notion de lieu dont l'entente se fait plus aisée : permettant de répondre à la question « *où* se trouvent les choses ? », le lieu offre une détermination précise accusant un vif écart avec l'indétermination spatiale, que ne permet pas de compenser l'étymologie. Le *spatium* latin semble en effet déjà porteur d'une myriade d'hésitations, oscillant entre l'idée de distance, d'intervalle et d'étendue, sans exclure la désignation des arènes où avaient lieu les courses de char, montrant de ce fait une indécision entre la distance comme telle et le cadre dans lequel peut être parcourue une telle distance.

En nous tournant vers le grec, nous ne serons guère plus renseignés car le terme d'espace n'existe pas comme tel, tandis que le substantif *chôra*[1], parfois abusivement traduit par « espace », semble avoir dans les faits désigné le territoire délimité de la *polis*, au moins dans la Grèce classique. S'il est vrai que l'on peut entendre dans un tel territoire quelque chose comme l'intervalle au sein duquel s'étend la cité, et donc quelque chose comme ce que le latin appellera un *spatium*, on comprend du même coup qu'un tel territoire est comme tel indéterminé, et ne prend son sens plein que depuis la cité qui le détermine. En d'autres termes, cela permet bien moins de comprendre ce que serait l'espace comme tel que de rendre compte de la nécessité pour la cité de poursuivre son étendue au-delà de la ville jusque dans les villages ainsi ramenés à l'unité du territoire de la *polis*.

Mais cette absence de terme clair pour dire l'espace en grec ne saurait être dénuée de signification : comment rendre compte du fait que les Grecs ne semblent pas avoir eu besoin d'un tel concept pour penser l'étendue du monde ? Que nous dit cette absence quant à l'historicité même de ce concept ? Par ailleurs, en ressaisissant la nécessité pour la *chôra* d'être déterminée par la cité, ne comprenons-nous pas d'emblée que l'espace est moins une réalité comme telle que le résultat de l'étendue des corps matériels ? Ou nous faut-il renverser la proposition et considérer au contraire que c'est parce qu'existe un espace unifié et homogène que les corps peuvent s'étendre en lui ?

---

1. Dans le *Timée* (49a-53c), Platon emploie non sans embarras la *chôra* pour conceptualiser la matrice indéterminée et indéterminante de la matière élémentaire ordonnée par le Démiurge.

UNE DÉFINITION MODERNE DE L'ESPACE

Pour résoudre ces difficultés, tournons-nous vers un juge de paix et ouvrons un dictionnaire ; il n'est pas rare d'y trouver au sujet de l'espace la définition suivante : il serait un *milieu* au sein duquel se trouveraient les objets matériels, milieu qui s'étendrait indéfiniment selon trois dimensions. Un tel milieu pourrait se maintenir même s'il était privé d'objets – s'il était vide – s'apparentant ainsi à un *cadre* rendant possible l'*accueil* des choses matérielles, ce par quoi il serait aussi un *contenant*.

Semblant profondément liée à un sentiment immédiat et universellement éprouvé, cette première approche ne va pourtant pas de soi au regard de l'histoire. En effet, aborder l'espace en ces termes c'est à la fois l'identifier à un *contenant* pensable indépendamment de son contenu et c'est aussi juger que les choses matérielles ne sont jamais qu'un moyen de *remplir* ce contenant qui demeurerait le même en leur absence. En d'autres termes, dire de l'espace qu'il est un milieu homogène accueillant les choses matérielles, c'est d'emblée adopter une certaine conception de ces dernières de sorte que *la définition de l'espace engage aussitôt celle de la matière.*

Une question doit alors nous guider : que faut-il conceptuellement admettre pour parvenir à la définition que nous aurions intuitivement tendance à défendre de l'espace, à savoir à cette idée d'un milieu homogène, isotrope même, accueillant les choses matérielles ? À quelles conditions un tel espace est-il pensable ? Une telle question revient à inscrire le problème de l'espace dans l'historicité même de son élaboration : au regard de l'histoire de la pensée philosophique, l'espace ainsi défini est un résultat récent issu d'une série de bouleversements antérieurs dont nous sommes les héritiers. Autrement dit, il n'est pas à exclure que, lorsque nous proposons cette définition « intuitive » de l'espace, nous formulions moins une évidence empirique qui s'imposerait à tous qu'une exposition historiquement située de concepts si profondément ancrés en nous que nous finirions par les confondre avec une évidence empirique. En somme, que les choses aient à se manifester *dans un cadre*, que l'espace puisse être pensé *pour lui-même*, qu'il soit un cadre *homogène*, voilà une série de propositions qui, historiquement parlant, ne vont pas de soi et dont nous nous proposons de sonder les présupposés conceptuels.

Ainsi, la première difficulté qu'il s'agira de rendre sensible portera sur les préjugés perceptifs que nous a légués l'époque moderne, à savoir que les choses auraient à se manifester *dans un cadre*, et que ce cadre *pourrait être pensé pour lui-même*, si bien que l'espace, en tant que cadre, pourrait être l'objet d'une analyse spécifique de la part de la philosophie.

Deux présupposés modernes : l'espace cadre et l'espace autonome

Une telle analyse ne peut alors se constituer qu'au prix de deux présupposés dont il conviendra de mesurer le poids.

Le premier impose de se détourner des choses elles-mêmes au profit d'une interrogation portant sur *ce dans quoi* elles se trouvent, bien que ce cadre supposé ne soit pas comme tel apparent et ne se manifeste pas.

Le second impose d'admettre de surcroît qu'un tel cadre pourrait être l'objet d'une analyse intrinsèque, et donc qu'il pourrait être étudié *indépendamment de ce qui se manifeste en lui*.

Autrement dit, l'espace ne peut devenir une notion philosophique qu'au prix d'une double abstraction par laquelle l'esprit est conduit à d'abord s'écarter des choses au profit de leur supposé cadre, puis à ériger celui-ci en objet exclusif d'analyse, affranchi des choses dont il était justement le cadre. Le paradoxe est alors manifeste : ce que nous prenons pour une évidence empirique – l'existence d'un milieu homogène en tant que tel vide mais dans lequel sont accueillis les objets matériels – s'oppose frontalement à notre expérience quotidienne véritable dans laquelle *nous n'avons affaire qu'à des objets*, et dans laquelle *nous n'avons jamais affaire à un cadre vide*. Ainsi se révèle la pseudo-évidence d'un tel milieu qui nous semble aller de soi alors même qu'il n'est jamais expérimenté en tant que tel.

Un exemple permettra de saisir l'étendue du problème. Pour qui parcourt les *Éléments* d'Euclide (vers – 300), il apparaît assez rapidement que l'espace constitue le grand absent de la géométrie qui y est décrite. Il ne s'agit en effet pas de géométrie « dans l'espace », mais bien plutôt de théorèmes portant sur des *figures* autonomes prises pour elles-mêmes, et non pas conçues comme se détachant depuis un fond spatial qu'elles viendraient remplir. Il n'y a pas d'espace chez Euclide, il n'y a que des figures et des concepts géométriques dont il s'agit d'énumérer et de démontrer les propriétés universelles et, tout au plus, d'analyser l'incidence lorsqu'au moins deux objets géométriques connaissent une intersection. De ce fait, Euclide part des choses – les figures géométriques –, décompose leurs propriétés, les démontre, mais les objets géométriques se suffisent à eux-mêmes et n'ont nullement besoin d'être inclus dans un espace qui les contiendrait.

Là se laisse percevoir l'aspect le plus délicat de la conception de l'espace, à savoir la difficile conciliation entre le fait que, empiriquement parlant, nous ayons affaire à des objets – ou des figures – et la nécessité que par ailleurs, pour devenir un concept autonome, l'espace doive être pensé pour lui-même et indépendamment des objets que, pourtant, nous percevons empiriquement. Par conséquent, penser l'espace revient à mettre de côté ce dont nous avons l'évidence perceptive – les choses matérielles – au profit d'une *abstraction* dont la fonction serait d'être le cadre imperceptible incluant pourtant le perceptible. En somme, la notion d'espace n'a rien d'évident et ne saurait être une notion élémentaire ou principielle : elle ne peut se former qu'à la faveur de certaines conditions d'abstraction et n'apparaître historiquement qu'à une certaine époque où les choses comme telles et leur substantialité se trouvent dévalorisées au profit des conditions abstraites de leur manifestation. Pour le dire autrement, pour que l'espace devienne objet philosophique à part entière, il faut que, en amont, les choses *ne se suffisent plus à elles-mêmes*, ne soient plus conçues comme des substances autonomes exprimant leur qualité propre et ne soient plus qu'un « remplissement » contingent d'un contenant pensable pour lui-même. Qu'Euclide ait décrit les figures et leurs relations, et non l'insertion des figures dans un espace uniforme, illustre fort bien la complexité que représente la conquête du concept de l'espace.

Un moment singulier : l'espace cartésien

Sur le plan strictement théorique, nous pouvons considérer que la définition d'un espace conçu comme milieu homogène et indépendant des corps matériels n'adviendra pleinement qu'avec Newton dont on peut dire qu'il sera le premier véritable *théoricien* d'un espace absolu, pris pour lui-même, pensable comme vide et comme autonome, à rebours donc de ce qu'indique l'évidence empirique par laquelle s'impose la présence même des corps. Certes, un pas de géant sera en amont accompli par Giordano Bruno (1548-1600) dont on peut dire qu'il donnera une ébauche subtile de l'espace ainsi défini ; mais il faudra attendre Newton pour qu'un tel espace livre toutes ses potentialités.

Il nous semble à cet égard intéressant de reproduire un extrait des *Principes de la Philosophie* (1644) de Descartes afin de rendre sensibles les hésitations concernant la gestation de l'espace moderne. À la faveur d'une réflexion consacrée à l'existence des choses matérielles et de la représentation que nous pouvons nous en faire, Descartes parvient progressivement à une conception de l'espace dont l'ambition manifeste est de satisfaire autant aux exigences de la physique de son temps qu'à la perception empirique, sans que ne soit donc privilégiée une branche plutôt qu'une autre.

De ce point de vue, loin de renoncer à la substantialité des choses, Descartes part de ces dernières et ne les interprète pas comme devant *remplir* un espace préexistant ou autonome ; en même temps, loin de ne proposer qu'une reprise de conceptions anciennes, les analyses cartésiennes s'appuient sur la conscience et ses représentations, si bien qu'elles ne se contentent pas de reconduire ce qui avait pu être énoncé depuis des siècles. Moment charnière d'une histoire loin d'être linéaire, le propos cartésien s'inscrit à la lisière de deux gestes complémentaires : le premier, typiquement moderne, consiste à s'appuyer sur la manière dont la conscience se représente les choses en vue de déterminer les structures fondamentales de l'esprit, selon ce qui est conçu avec clarté et distinction ; le second, consécutif au premier, consiste à prendre acte du fait que ce sont bien les choses auxquelles nous avons affaire, primauté qui ne saurait être évacuée au profit d'un espace vide, considéré en lui-même et faisant fi de ce qui peut être décrit du fonctionnement effectif de la conscience. Autrement dit, c'est en grande partie pour des raisons liées au geste fondateur de la modernité – partir de la conscience et de ce qu'elle conçoit clairement et distinctement – que Descartes ne parvient pas à l'espace moderne tel que le conceptualise Newton, et ce n'est pas là le moindre des paradoxes de cette histoire complexe qu'est celle des conceptions de l'espace.

DESCARTES[1]

LES PRINCIPES DE LA PHILOSOPHIE

1. Nous reprenons la traduction française de Claude Picot, publiée en 1647, approuvée par Descartes, et reproduite par Ferdinand Alquié dans Descartes, *Œuvres philosophiques*, tome III, F. Alquié (éd.), Paris, Classiques Garnier, 1973.

SECONDE PARTIE : DES PRINCIPES
DES CHOSES MATÉRIELLES

Art. 1. *Quelles raisons nous font savoir certainement qu'il y a des corps.*

Bien que nous soyons suffisamment persuadés qu'il y a des corps qui sont véritablement dans le monde, néanmoins, comme nous en avons douté ci-devant et que nous avons mis cela au nombre des jugements que nous avons faits dès le commencement de notre vie, il est besoin que nous recherchions ici des raisons qui nous en fassent avoir une science certaine. Premièrement, nous expérimentons en nous-mêmes que tout ce que nous sentons vient de quelque autre chose que de notre pensée ; parce qu'il n'est pas en notre pouvoir de faire que nous ayons un sentiment plutôt qu'un autre, et que cela dépend de cette chose, selon qu'elle touche nos sens. Il est vrai que nous pourrions nous enquérir si Dieu, ou quelque autre que lui, ne serait point cette chose ; mais, à cause que nous sentons, ou plutôt que nos sens nous excitent *souvent* à apercevoir clairement et distinctement, une matière étendue en longueur, largeur et profondeur, dont les parties ont des figures et des mouvements divers, d'où procèdent les sentiments que nous avons des couleurs, des odeurs, de la douleur, etc., si Dieu présentait à notre âme immédiatement par lui-même l'idée de cette matière étendue, ou seulement s'il permettait qu'elle fût causée en nous par quelque chose qui n'eût point d'extension, de figure, ni de mouvement, nous ne pourrions trouver aucune raison qui nous empêchât de croire qu'il ne prend point plaisir à nous tromper ; car nous concevons cette matière comme une chose différente de Dieu et de notre pensée, et il nous semble que l'idée que nous en avons se forme en nous à l'occasion des corps de dehors, auxquels elle est entièrement semblable. Or, puisque Dieu ne nous trompe point, parce que cela répugne à sa nature, comme il a été déjà remarqué, nous devons conclure qu'il y a une certaine substance étendue en longueur, largeur et profondeur, qui existe à présent dans le monde avec toutes les propriétés que nous connaissons manifestement lui appartenir. Et cette substance étendue est ce qu'on nomme proprement le corps, ou la substance des choses matérielles.

Art. 2. *Comment nous savons aussi que notre âme est jointe à un corps.*

Nous devons conclure aussi qu'un certain corps est plus étroitement uni à notre âme que tous les autres qui sont au monde, parce que nous apercevons clairement que la douleur et plusieurs autres sentiments nous arrivent sans que nous les ayons prévus, et que notre âme, par une connaissance qui lui est naturelle, juge que ces sentiments ne procèdent point d'elle seule, en tant qu'elle est une chose qui pense, mais en tant qu'elle est unie à une chose étendue qui se meut par la disposition de ses organes, qu'on nomme proprement le corps d'un homme. Mais ce n'est pas ici l'endroit où je prétends en traiter particulièrement.

Art. 3. *Que nos sens ne nous enseignent pas la nature des choses, mais seulement ce en quoi elles nous sont utiles ou nuisibles.*

Il suffira que nous remarquions seulement que tout ce que nous apercevons par l'entremise de nos sens se rapporte à l'étroite union qu'a l'âme avec le corps, et que nous connaissons ordinairement par leur moyen ce en quoi les corps de dehors nous peuvent profiter ou nuire, mais non pas quelle est leur nature, si ce n'est peut-être rarement et par hasard. Car, après cette réflexion, nous quitterons sans peine tous les préjugés qui ne sont fondés que sur nos sens, et ne nous servirons que de notre entendement, parce que c'est en lui seul que les premières notions ou idées, qui sont comme les semences des vérités que nous sommes capables de connaître, se trouvent naturellement.

Art. 4. *Que ce n'est pas la pesanteur, ni la dureté, ni la couleur, etc., qui constitue la nature du corps, mais l'extension seule.*

En ce faisant, nous saurons que la nature de la matière, ou du corps pris en général, ne consiste point en ce qu'il est une chose dure, ou pesante, ou colorée, ou qui touche nos sens de quelque autre façon, mais seulement en ce qu'il est une substance étendue en longueur, largeur et profondeur. Pour ce qui est de la dureté, nous n'en connaissons autre chose, par le moyen de l'attouchement, sinon que les parties des corps durs résistent au mouvement de nos mains lorsqu'elles les rencontrent ; mais si, toutes les fois que nous portons nos mains vers quelque part, les corps qui sont en cet endroit se retiraient aussi vite comme elles en approchent, il est certain que nous ne sentirions jamais de dureté ; et néanmoins nous n'avons aucune raison qui nous puisse faire croire que les corps qui retireraient de cette force perdissent pour cela ce qui les fait corps. D'où il suit que leur nature ne consiste pas en la dureté que nous sentons quelquefois à leur occasion, ni aussi en la pesanteur, chaleur et autres qualités de ce genre ; car si nous examinons quelque corps que ce soit, nous pouvons penser qu'il n'a en soi aucune de ces qualités, et cependant nous connaissons clairement et distinctement qu'il a tout ce qui le fait corps, pourvu qu'il ait de l'extension en longueur, largeur et profondeur : d'où il suit aussi que, pour être, il n'a besoin d'elles en aucune façon, et que sa nature consiste en cela seul qu'il est une substance qui a de l'extension.

Art. 5. *Que cette vérité est obscurcie par les opinions dont on est préoccupé touchant la raréfaction et le vide.*

Pour rendre cette vérité entièrement évidente, il ne reste ici que deux difficultés à éclaircir. La première consiste en ce que quelques-uns, voyant proche de nous des corps qui sont quelquefois plus et quelquefois moins raréfiés, ont imaginé qu'un même corps a plus d'extension, lorsqu'il est raréfié, que lorsqu'il est condensé ; il y en a même qui ont subtilisé jusques à vouloir distinguer la substance d'un corps d'avec sa propre grandeur, et la grandeur même d'avec son extension. L'autre n'est fondée que sur une façon de penser qui est en usage, à savoir qu'on n'entend pas qu'il y ait un corps, où on dit qu'il n'y a qu'une étendue en longueur, largeur et profondeur, mais seulement un espace, et encore un espace vide, qu'on se persuade aisément n'être rien.

Art. 6. *Comment se fait la raréfaction.*

Pour ce qui est de la raréfaction et de la condensation, quiconque voudra examiner les pensées, et ne rien admettre sur ce sujet que ce dont il aura une idée claire et distincte, ne croira pas qu'elles se fassent autrement que par un changement de figure qui arrive au corps, lequel est raréfié ou condensé : c'est-à-dire que toutes fois et quantes que nous voyons qu'un corps est raréfié, nous devons penser qu'il y a plusieurs intervalles entre ses parties, lesquels sont remplis de quelque autre corps ; et que, lorsqu'il est condensé, ses mêmes parties sont plus proches les unes des autres qu'elles n'étaient, soit qu'on ait rendu les intervalles qui étaient entre elles plus petits, ou qu'on les ait entièrement ôtés, auquel cas on ne saurait concevoir qu'un corps puisse être davantage condensé. Et toutefois il ne laisse pas d'avoir tout autant d'extension que lorsque ces mêmes parties, étant éloignées les unes des autres et comme éparses en plusieurs branches, embrassaient un plus grand espace. Car nous ne devons point lui attribuer l'étendue qui est dans les pores ou intervalles que ses parties n'occupent point lorsqu'il est raréfié, mais aux autres corps qui remplissent ces intervalles ; tout de même que, voyant une éponge pleine d'eau ou de quelque autre liqueur, nous n'entendons point que chaque partie de cette éponge ait pour cela plus d'étendue, mais seulement qu'il y a des pores ou intervalles entre ses parties, qui sont plus grands, que lorsqu'elle est sèche et plus serrée.

Art. 7. *Qu'elle ne peut être intelligiblement expliquée qu'en la façon ici proposée.*

Je ne sais pourquoi, lorsqu'on a voulu expliquer comment un corps est raréfié, on a mieux aimé dire que c'était par l'augmentation de sa quantité, que de se servir de l'exemple de cette éponge. Car bien que nous ne voyons point, lorsque l'air ou l'eau sont raréfiés, les pores qui sont entre les parties de ces corps, ni comment ils sont devenus plus grands, ni même le corps qui les remplit, il est toutefois beaucoup moins raisonnable de feindre je ne sais quoi qui n'est pas intelligible, pour expliquer seulement en apparence, et par des termes qui n'ont aucun sens, la façon dont un corps est raréfié, que de conclure, en conséquence de ce qu'il est raréfié, qu'il y a des pores ou intervalles entre les parties qui sont devenus plus grands, et qui sont pleins de

quelque autre corps. Et nous ne devons pas faire difficulté
de croire que la raréfaction ne se fasse ainsi que je dis,
bien que nous n'apercevions par aucun de nos sens le corps
qui les remplit, parce qu'il n'y a point de raison qui nous
oblige à croire que nous devons apercevoir de nos sens
tous les corps qui sont autour de nous, et que nous voyons
qu'il est très aisé de l'expliquer en cette sorte, et qu'il est
impossible de la concevoir autrement. Car enfin il y aurait,
ce me semble, une contradiction manifeste qu'une chose
fût augmentée d'une grandeur ou d'une extension qu'elle
n'avait point, et qu'elle ne fût pas accrue par même moyen
d'une nouvelle substance étendue ou bien d'un nouveau
corps, à cause qu'il n'est pas possible de concevoir qu'on
puisse ajouter de la grandeur ou de l'extension à une chose
par aucun autre moyen qu'en y ajoutant une chose grande
et étendue, comme il paraîtra encore plus clairement par
ce qui suit.

Art. 8. *Que la grandeur ne diffère de ce qui est grand,
ni le nombre des choses nombrées, que par notre pensée.*
Dont la raison est que la grandeur ne diffère de ce qui
est grand et le nombre de ce qui est nombre, que par notre
pensée, c'est-à-dire qu'encore que nous puissions penser
à ce qui est de la nature d'une chose étendue qui est comprise
en un espace de dix pieds, sans prendre garde à cette mesure
de dix pieds, à cause que cette chose est de même nature
en chacune de ses parties comme dans le tout ; et que nous
puissions penser à un nombre de dix, ou bien à une grandeur
continue de dix pieds, sans penser à une telle chose, à cause
que l'idée que nous avons du nombre de dix est la même,
soit que nous considérions un nombre de dix pieds ou
quelqu'autre dizaine ; et que nous puissions même concevoir
une grandeur continue de dix pieds sans faire réflexion sur

telle ou telle chose, bien que nous ne puissions la concevoir sans quelque chose d'étendu ; toutefois il est évident qu'on ne saurait ôter aucune partie d'une telle grandeur, ou d'une telle extension, qu'on ne retranche par même moyen tout autant de la chose ; et réciproquement, qu'on ne saurait retrancher de la chose, qu'on n'ôte par même moyen tout autant de la grandeur ou de l'extension.

Art. 9. *Que la substance corporelle ne peut être clairement conçue sans extension.*

Si quelques uns s'expliquent autrement sur ce sujet, je ne pense pourtant pas qu'ils conçoivent autre chose que ce que je viens de dire. Car lorsqu'ils distinguent la substance d'avec l'extension et la grandeur, ou ils n'entendent rien par le mot de substance, ou ils forment seulement en leur esprit une idée confuse de la substance immatérielle, qu'ils attribuent à la substance matérielle, et laissent à l'extension la véritable idée de cette substance matérielle, qu'ils nomment accident, si improprement qu'il est aisé de connaître que leurs paroles n'ont point de rapport avec leurs pensées.

Art. 10. *Ce que c'est que l'espace ou le lieu intérieur.*

L'espace, ou le lieu intérieur, et le corps qui est compris en cet espace, ne sont différents aussi que par notre pensée. Car, en effet, la même étendue en longueur, largeur et profondeur, qui constitue l'espace, constitue le corps ; et la différence qui est entre eux ne consiste qu'en ce que nous attribuons au corps une étendue particulière, que nous concevons changer de place avec lui toutes fois et quantes qu'il est transporté, et que nous en attribuons à l'espace une si générale et si vague, qu'après avoir ôté d'un certain espace le corps qui l'occupait, nous ne pensons pas avoir aussi transporté l'étendue de cet espace, à cause qu'il nous semble que la même étendue y demeure toujours, pendant qu'il est de même grandeur, de même figure, et qu'il n'a point changé de situation au regard des corps de dehors par lesquels nous le déterminons.

Art. 11. *En quel sens on peut dire qu'il n'est point différent du corps qu'il contient.*

Mais il sera aisé de connaître que la même étendue qui constitue la nature du corps, constitue aussi la nature de l'espace, en sorte qu'ils ne diffèrent entre eux que comme la nature du genre ou de l'espèce diffère de la nature de l'individu, si, pour mieux discerner quelle est la véritable idée que nous avons du corps, nous prenons pour exemple une pierre et en ôtons tout ce que nous saurons ne point appartenir à la nature du corps. Ôtons-en donc premièrement la dureté, parce que, si on réduisait cette pierre en poudre, elle n'aurait plus de dureté, et ne laisserait pas pour cela d'être un corps ; ôtons-en aussi la couleur, parce que nous avons pu voir quelquefois des pierres si transparentes qu'elles n'avaient point de couleur ; ôtons-en la pesanteur, parce que nous voyons que le feu, quoi qu'il soit très léger, ne laisse pas d'être un corps ôtons-en le froid, la chaleur, et toutes les autres qualités de ce genre, parce que nous ne pensons point qu'elles soient dans la pierre, ou bien que cette pierre change de nature parce qu'elle nous semble tantôt chaude et tantôt froide. Après avoir ainsi examiné cette pierre, nous trouverons que la véritable idée que nous en avons consiste en cela seul que nous apercevons distinctement qu'elle est une substance étendue en longueur, largeur et profondeur : or cela même est compris en l'idée que nous avons de l'espace, non seulement de celui qui est plein de corps, mais encore de celui qu'on appelle vide.

Art. 12. *Et en quel sens il est différent.*

Il est vrai qu'il y a de la différence en notre façon de penser ; car si on a ôté une pierre de l'espace ou du lieu où elle était, nous entendons qu'on en a ôté l'étendue de cette pierre, parce que nous les jugeons inséparables l'une de l'autre : et toutefois nous pensons que la même étendue du lieu où était cette pierre est demeurée, nonobstant que le lieu qu'elle occupait auparavant ait été rempli de bois, ou d'eau, ou d'air, ou de quelque autre corps, ou que même il paraisse vide, parce que nous prenons l'étendue en général, et qu'il nous semble que la même peut être commune aux pierres, au bois, à l'eau, à l'air, et à tous les autres corps, et aussi au vide, s'il y en a, pourvu qu'elle soit de même grandeur, de même figure qu'auparavant, et qu'elle conserve une même situation à l'égard des corps de dehors qui déterminent cet espace.

Art. 13. *Ce que c'est que le lieu extérieur.*

Dont la raison est que les mots de lieu et d'espace ne signifient rien qui diffère véritablement du corps que nous disons être en quelque lieu, et nous marquent seulement sa grandeur, sa figure, et comment il est situé entre les autres corps. Car il faut, pour déterminer cette situation, en remarquer quelques autres que nous considérons comme immobiles ; mais, selon que ceux que nous considérons ainsi sont divers, nous pouvons dire qu'une même chose en même temps change de lieu et n'en change point. Par exemple, si nous considérons un homme assis à la poupe d'un vaisseau que le vent emporte hors du port, et ne prenons garde qu'à ce vaisseau, il nous semblera que cet homme ne change point de lieu, parce que nous voyons qu'il demeure toujours en une même situation à l'égard des parties du vaisseau sur lequel il est ; et si nous prenons garde aux terres voisines, il nous semblera aussi que cet homme change incessamment de lieu, parce qu'il s'éloigne de celles-ci, et qu'il approche de quelques autres ; si, outre cela, nous supposons que la terre tourne sur son essieu, et qu'elle fait précisément autant de chemin du couchant au levant comme ce vaisseau en fait du levant au couchant, il nous semblera derechef que celui qui est assis à la poupe ne change point de lieu, parce que nous déterminons ce lieu par quelques points immobiles que nous imaginerons être au Ciel. Mais si nous pensons qu'on ne saurait rencontrer en tout l'univers aucun point qui soit véritablement immobile (car on connaîtra par ce qui suit que cela peut être démontré), nous conclurons qu'il n'y a point de lieu d'aucune chose au monde qui soit ferme et arrêté, sinon en tant que nous l'arrêtons en notre pensée.

Art. 14. *Quelle différence il y a entre le lieu et l'espace.*
Toutefois le lieu et l'espace sont différents en leurs noms, parce que le lieu nous marque plus expressément la situation que la grandeur ou la figure ; et qu'au contraire nous pensons plutôt à celles-ci, lorsqu'on nous parle de l'espace. Car nous disons qu'une chose est entrée en la place d'une autre, bien qu'elle n'en ait exactement ni la grandeur ni la figure, et n'entendons point qu'elle occupe pour cela le même espace qu'occupait cette autre chose ; et lorsque la situation est changée, nous disons que le lieu est aussi changé, quoiqu'il soit de même grandeur et de même figure qu'auparavant. De sorte que, si nous disons qu'une chose est en tel lieu, nous entendons seulement qu'elle est située de telle façon à l'égard de quelques autres choses ; mais si nous ajoutons qu'elle occupe un tel espace ou un tel lieu, nous entendons, outre cela, qu'elle est de telle grandeur et de telle figure qu'elle peut le remplir tout justement.

Art. 15. *Comment la superficie qui environne un corps peut être prise pour son lieu extérieur.*

Ainsi nous ne distinguons jamais l'espace d'avec l'étendue en longueur, largeur et profondeur ; mais nous considérons quelquefois le lieu comme s'il était en la chose qui est placée, et quelquefois aussi comme s'il en était dehors. L'intérieur ne diffère en aucune façon de l'espace ; mais nous prenons quelquefois l'extérieur ou pour la superficie qui environne immédiatement la chose qui est placée (et il est à remarquer que, par la superficie, on ne doit entendre aucune partie du corps qui environne, mais seulement l'extrémité qui est entre le corps qui environne et celui qui est environné, qui n'est rien qu'un mode ou une façon) ou bien pour la superficie en général, qui n'est point partie d'un corps plutôt que d'un autre, et qui semble toujours la même, tant qu'elle est de même grandeur et de même figure. Car, encore que nous voyons que le corps qui environne un autre corps, passe ailleurs avec sa superficie, nous n'avons pas coutume de dire que celui qui en était environné ait pour cela changé de place, lorsqu'il demeure en la même situation à l'égard des autres corps que nous considérons comme immobiles. Ainsi nous disons qu'un bateau qui est emporté par le cours d'une rivière, mais qui est repoussé par le vent d'une force si égale qu'il ne change point de situation à l'égard des rivages, demeure en même lieu, bien que nous voyions que toute la superficie qui l'environne change incessamment.

Art. 16. *Qu'il ne peut y avoir aucun vide au sens que les Philosophes prennent ce mot.*

Pour ce qui est du vide, au sens que les Philosophes prennent ce mot, à savoir pour un espace où il n'y a point de substance, il est évident qu'il n'y a point d'espace en l'univers qui soit tel, parce que l'extension de l'espace ou du lieu intérieur n'est point différente de l'extension du corps. Et comme, de cela seul qu'un corps est étendu en longueur, largeur et profondeur, nous avons raison de conclure qu'il est une substance, à cause que nous concevons qu'il n'est pas possible que ce qui n'est rien ait de l'extension, nous devons conclure le même de l'espace qu'on suppose vide : à savoir que, puisqu'il y a en lui de l'extension, il y a nécessairement aussi de la substance.

Art. 17. *Que le mot de vide pris selon l'usage ordinaire n'exclut point toute sorte de corps.*

Mais lors que nous prenons ce mot selon l'usage ordinaire, et que nous disons qu'un lieu est vide, il est constant que nous ne voulons pas dire qu'il n'y a rien du tout en ce lieu ou en cet espace, mais seulement qu'il n'y a rien de ce que nous présumons y devoir être. Ainsi, parce qu'une cruche est faite pour tenir de l'eau, nous disons qu'elle est vide lorsqu'elle ne contient que de l'air ; et s'il n'y a point de poisson dans un vivier, nous disons qu'il n'y a rien dedans, quoi qu'il soit plein d'eau ; ainsi nous disons qu'un vaisseau est vide, lorsqu'au lieu des marchandises dont on le charge d'ordinaire, on ne l'a chargé que de sable, afin qu'il pût résister à l'impétuosité du vent : et c'est en ce même sens que nous disons qu'un espace est vide, lorsqu'il ne contient rien qui nous soit sensible, encore qu'il contienne une matière créée et une substance étendue. Car nous ne considérons ordinairement les corps qui sont proches de nous, qu'en tant qu'ils causent dans les organes de nos sens des impressions si fortes que nous les pouvons sentir. Et si, au lieu de nous souvenir de ce que nous devons entendre par ces mots de vide ou de rien, nous pensions par après qu'un tel espace, où nos sens ne nous font rien apercevoir, ne contient aucune chose créée, nous tomberions en une erreur aussi grossière que si, à cause qu'on dit ordinairement qu'une cruche est vide, dans laquelle il n'y a que de l'air, nous jugions que l'air qu'elle contient n'est pas une chose ou une substance.

Art. 18. *Comment on peut corriger la fausse opinion dont on est préoccupé touchant le vide.*

Nous avons presque tous été préoccupés de cette erreur dès le commencement de notre vie, parce que, voyant qu'il n'y a point de liaison nécessaire entre le vase et le corps qu'il contient, il nous a semblé que Dieu pourrait ôter tout le corps qui est contenu dans un vase, et conserver ce vase en son même état, sans qu'il fût besoin qu'aucun autre corps succédât en la place de celui qu'il aurait ôté. Mais, afin que nous puissions maintenant corriger une si fausse opinion, nous remarquerons qu'il n'y a point de liaison nécessaire entre le vase et un tel corps qui le remplit, mais qu'elle est si absolument nécessaire entre la figure concave qu'a ce vase et l'étendue qui doit être comprise en cette concavité, qu'il n'y a pas plus de répugnance à concevoir une montagne sans vallée, qu'une telle concavité sans l'extension qu'elle contient, et cette extension sans quelque chose d'étendu, à cause que le néant, comme il a été déjà remarqué plusieurs fois, ne peut avoir d'extension. C'est pourquoi, si on nous demande ce qui arriverait, en cas que Dieu ôtât tout le corps qui est dans un vase, sans qu'il permît qu'il en rentrât d'autre, nous répondrons que les côtés de ce vase se trouveraient si proches qu'ils se toucheraient immédiatement. Car il faut que deux corps s'entre-touchent, lorsqu'il n'y a rien entre eux deux, parce qu'il y aurait de la contradiction que ces deux corps fussent éloignés, c'est-à-dire qu'il y eût de la distance de l'un à l'autre, et que néanmoins cette distance ne fût rien : car la distance est une propriété de l'étendue, qui ne saurait subsister sans quelque chose d'étendu.

Art. 19. *Que cela confirme ce qui a été dit de la raréfaction.*

Après qu'on a remarqué que la nature de la substance matérielle ou du corps ne consiste qu'en ce qu'il est quelque chose d'étendu, et que son extension ne diffère point de celle qu'on attribue à l'espace vide, il est aisé de connaître qu'il n'est pas possible qu'en quelque façon que ce soit aucune de ses parties occupe plus d'espace une fois que l'autre, et puisse être autrement raréfiée qu'en la façon qui a été exposée ci-dessus ; ou bien qu'il y ait plus de matière ou de corps dans un vase, lorsqu'il est plein d'or, ou de plomb, ou de quelque autre corps pesant et dur, que lorsqu'il ne contient que de l'air et qu'il paraît vide : car la grandeur des parties dont un corps est composé ne dépend point de la pesanteur ou de la dureté que nous sentons à son occasion, comme il a été aussi remarqué, mais seulement de l'étendue, qui est toujours égale dans un même vase.

Art. 20. *Qu'il ne peut y avoir aucuns atomes ou petits corps indivisibles.*

Il est aussi très aisé de connaître qu'il ne peut y avoir des atomes, ou des parties de corps qui soient indivisibles, ainsi que quelques Philosophes ont imaginé. D'autant que, si petites qu'on suppose ces parties, néanmoins, parce qu'il faut qu'elles soient étendues, nous concevons qu'il n'y en a pas une entre elles qui ne puisse être encore divisée en deux ou plus grand nombre d'autres plus petites, d'où il suit qu'elle est divisible. Car, de ce que nous connaissons clairement et distinctement qu'une chose peut être divisée, nous devons juger qu'elle est divisible, parce que, si nous en jugions autrement, le jugement que nous ferions de cette chose serait contraire à la connaissance que nous en avons. Et quand même nous supposerions que Dieu eût réduit quelque partie de la matière à une petitesse si extrême, qu'elle ne pût être divisée en d'autres plus petites, nous ne pourrions conclure pour cela qu'elle serait indivisible, parce que, quand Dieu aurait rendu cette partie si petite qu'il ne serait pas au pouvoir d'aucune créature de la diviser, il n'a pu se priver soi-même du pouvoir qu'il avait de la diviser, à cause qu'il n'est pas possible qu'il diminue sa toute-puissance, comme il a été déjà remarqué. C'est pourquoi nous dirons que la plus petite partie étendue qui puisse être au monde, peut toujours être divisée, parce qu'elle est telle de sa nature.

Art. 21. *Que l'étendue du monde est indéfinie.*

Nous saurons aussi que ce monde, ou la matière étendue qui compose l'univers, n'a point de bornes, parce que, quelque part où nous en veuillons feindre, nous pouvons encore imaginer au-delà des espaces indéfiniment étendus, que nous n'imaginons pas seulement, mais que nous concevons être tels en effet que nous les imaginons ; de sorte qu'ils contiennent un corps indéfiniment étendu, car l'idée de l'étendue que nous concevons en quelque espace que ce soit, est la vraie idée que nous devons avoir du corps.

Art. 22. *Que la terre et les cieux ne sont faits que d'une même matière, et qu'il ne peut y avoir plusieurs mondes.*

Enfin il n'est pas malaisé d'inférer de tout ceci, que la terre et les cieux sont faits d'une même matière ; et que, quand même il y aurait une infinité de mondes, ils ne seraient faits que de cette matière ; d'où il suit qu'il ne peut y en avoir plusieurs, à cause que nous concevons manifestement que la matière, dont la nature consiste en cela seul qu'elle est une chose étendue, occupe maintenant tous les espaces imaginables où ces autres mondes pourraient être, et que nous ne saurions découvrir en nous l'idée d'aucune autre matière.

Art. 23. *Que toutes les variétés qui sont en la matière dépendent du mouvement de ses parties.*

Il n'y a donc qu'une même matière en tout l'univers, et nous la connaissons par cela seul qu'elle est étendue ; parce que toutes les propriétés que nous apercevons distinctement en elle se rapportent à ce qu'elle peut être divisée et mue selon ses parties, et qu'elle peut recevoir toutes les diverses dispositions que nous remarquons pouvoir arriver par le mouvement de ses parties. Car, encore que nous puissions feindre, de la pensée, des divisions en cette matière, néanmoins il est constant que notre pensée n'a pas le pouvoir d'y rien changer, et que toute la diversité des formes qui s'y rencontrent dépend du mouvement local. Ce que les Philosophes ont sans doute remarqué, d'autant qu'ils ont dit, en beaucoup d'endroits, que la nature est le principe du mouvement et du repos, et qu'ils entendaient, par la nature, ce qui fait que les corps se disposent ainsi que nous voyons par expérience.

Art. 24. *Ce que c'est que le mouvement pris selon l'usage commun.*

Or le mouvement (à savoir celui qui se fait d'un lieu en un autre, car je ne conçois que celui-là, et ne pense pas aussi qu'il en faille supposer d'autre en la nature), le mouvement donc, selon qu'on le prend d'ordinaire, n'est autre chose que l'action par laquelle un corps passe d'un lieu en un autre. Et tout ainsi que nous avons remarqué ci-dessus, qu'une même chose en même temps change de lieu et n'en change point, de même nous pouvons dire qu'en même temps elle se meut et ne se meut point. Car celui, par exemple, qui est assis à la poupe d'un vaisseau que le vent fait aller, croit se mouvoir, quand il ne prend garde qu'au rivage duquel il est parti et le considère comme immobile, et ne croit pas se mouvoir, quand il ne prend garde qu'au vaisseau sur lequel il est, parce qu'il ne change point de situation au regard de ses parties. Toutefois, à cause que nous sommes accoutumés de penser qu'il n'y a point de mouvement sans action, nous dirons que celui qui est ainsi assis, est en repos, puisqu'il ne sent point d'action en soi, et que cela est en usage.

Art. 25. *Ce que c'est que le mouvement proprement dit.*

Mais si, au lieu de nous arrêter à ce qui n'a point d'autre fondement que l'usage ordinaire, nous désirons savoir ce que c'est que le mouvement selon la vérité, nous dirons, afin de lui attribuer une nature qui soit déterminée, qu'il est le transport d'une partie de la matière, ou d'un corps, du voisinage de ceux qui le touchent immédiatement, et que nous considérons comme en repos, dans le voisinage de quelques autres. Par un corps, ou bien par une partie de la matière, j'entends tout ce qui est transporté ensemble, quoiqu'il soit peut-être composé de plusieurs parties qui emploient cependant leur agitation à faire d'autres mouvements. Et je dis qu'il est le transport et non pas la force ou l'action qui transporte, afin de montrer que le mouvement est toujours dans le mobile, et non pas en celui qui meut ; car il me semble qu'on n'a pas coutume de distinguer ces deux choses assez soigneusement. De plus, j'entends qu'il est une propriété du mobile, et non pas une substance : de même que la figure est une propriété de la chose qui est figurée, et le repos, de la chose qui est en repos.

Art. 26. *Qu'il n'est pas requis plus d'action pour le mouvement que pour le repos.*

Et d'autant que nous nous trompons ordinairement, en ce que nous pensons qu'il faut plus d'action pour le mouvement que pour le repos, nous remarquerons ici que nous sommes tombés en cette erreur dès le commencement de notre vie, parce que nous remuons ordinairement notre corps selon notre volonté, dont nous avons une connaissance intérieure ; et qu'il est en repos, de cela seul qu'il est attaché à la terre par la pesanteur, dont nous ne sentons point la force. Et comme cette pesanteur, et plusieurs autres causes que nous n'avons pas coutume d'apercevoir, résistent au mouvement de nos membres, et font que nous nous lassons, il nous a semblé qu'il fallait une force plus grande et plus d'action pour produire un mouvement que pour l'arrêter, à cause que nous avons pris l'action pour l'effort qu'il faut que nous fassions, afin de mouvoir nos membres et les autres corps par leur entremise. Mais nous n'aurons point de peine à nous délivrer de ce faux préjugé, si nous remarquons que nous ne faisons pas seulement quelque effort pour mouvoir les corps qui sont proches de nous, mais que nous en faisons aussi pour arrêter leurs mouvements, lorsqu'ils ne sont point amortis par quelque autre cause. De sorte que nous n'employons pas plus d'action, pour faire aller, par exemple, un bateau qui est en repos dans une eau calme et qui n'a point de cours, que pour l'arrêter tout à coup pendant qu'il se meut. Et si l'expérience nous fait voir en ce cas qu'il en faut quelque peu moins pour l'arrêter que pour le faire aller, c'est à cause que la pesanteur de l'eau qu'il soulève lors qu'il se meut, et sa lenteur (car je la suppose calme et comme dormante) diminuent peu à peu son mouvement.

Art. 27. *Que le mouvement et le repos ne sont rien que deux diverses façons dans le corps où ils se trouvent.*

Mais parce qu'il ne s'agit pas ici de l'action qui est en celui qui meut ou qui arrête le mouvement, et que nous considérons principalement le transport, et la cessation du transport, ou le repos, il est évident que ce transport n'est rien hors du corps qui est mû ; mais que seulement un corps est autrement disposé, lorsqu'il est transporté, que lorsqu'il ne l'est pas ; de sorte que le mouvement et le repos ne sont en lui que deux diverses façons.

[...]¹

TROISIÈME PARTIE : DU MONDE VISIBLE

Art. 1. *Qu'on ne saurait penser trop hautement les œuvres de Dieu*

Après avoir rejeté ce que nous avions autrefois reçu en notre créance avant que de l'avoir suffisamment examiné, puisque la raison toute pure nous a fourni assez de lumière pour nous faire découvrir quelques principes des choses matérielles, et qu'elle nous les a présentés avec tant d'évidence que nous ne saurions plus douter de leur vérité, il faut maintenir essayer si nous pourrons déduire de ces seuls principes l'explication de tous les phénomènes, c'est-à-dire des effets qui sont en la nature et que nous apercevons par l'entremise de nos sens. Nous commencerons par ceux qui sont les plus généraux et dont tous les autres dépendent, à savoir par l'admirable structure de ce monde visible. Mais afin que nous puissions nous garder de nous méprendre en les examinant, il me semble que nous devons soigneusement observer deux choses : la première est que nous nous remettions toujours devant les yeux que la

---

1. Le deuxième livre des *Principes de la Philosophie* se poursuit par une longue analyse du mouvement, et établit la loi fondamentale de l'inertie, en clarifiant et unifiant une série d'analyses galiléennes. Puis sont énoncées les sept grandes règles permettant de rendre compte des changements de mouvement, auxquelles succèdent les définitions de la rigidité et de la fluidité des corps, ainsi que leur relation.

puissance et la bonté de Dieu sont infinies, afin que cela nous fasse connaître que nous ne devons point craindre de faillir en imaginant ses ouvrages trop grands, trop beaux ou trop parfaits ; mais que nous pouvons bien manquer, au contraire, si nous supposons en eux quelques bornes ou quelques limites, dont nous n'ayons aucune connaissance certaine.

Art. 2. *Qu'on présumerait trop de soi-même si on entreprenait de connaître la fin que Dieu s'est proposée en créant le monde.*

La seconde est que nous nous remettions toujours devant les yeux que la capacité de notre esprit est fort médiocre, et que nous ne devons pas trop présumer de nous-mêmes, comme il semble que nous ferions si nous supposions que l'univers eût quelques limites, sans que cela nous fût assuré par révélation divine, ou du moins par des raisons naturelles fort évidentes, parce que ce serait vouloir que notre pensée pût s'imaginer quelque chose au-delà de ce à quoi la puissance de Dieu s'est étendue en créant le monde ; mais aussi encore si nous nous persuadions que ce n'est que pour notre usage que Dieu a créé toutes les choses, ou bien seulement si nous prétendions de pouvoir connaître par la force de notre esprit quelles sont les fins pour lesquelles il les a créées.

[...][1]

---

1. Après que le livre II eut exposé les lois physiques du mouvement, le livre III propose une discussion des thèses de Tycho-Brahé et avance une série d'explications astronomiques, esquissant une très prudente cosmologie qui, tout à la fois, propose des hypothèses crédibles et en même temps les répute fausses pour se prémunir contre toute attaque d'inspiration théologique.

Art. 45. *Que même j'en supposerai ici quelques-unes*[1] *que je crois fausses.*

Et tant s'en faut que je veuille que l'on croie toutes les choses que j'écrirai, que même je prétends en proposer ici quelques-unes que je crois absolument être fausses, à savoir : je ne doute point que le monde n'ait été créé au commencement avec autant de perfection qu'il en a ; en sorte que le Soleil, la Terre, la Lune et les étoiles ont été dès lors ; et que la Terre n'a pas eu seulement en soi les semences des plantes, mais que les plantes mêmes en ont couvert une partie ; et qu'Adam et Ève n'ont pas été créés enfants, mais en âge d'hommes parfaits. La religion chrétienne veut que nous le croyions ainsi, et la raison naturelle nous persuade absolument cette vérité ; parce que considérant la toute-puissance de Dieu, nous devons juger que tout ce qu'il a fait a eu dès le commencement toute la perfection qu'il devait avoir. Mais néanmoins, comme on connaîtrait beaucoup mieux quelle a été la nature d'Adam et celle des arbres du Paradis si on avait examiné comment les enfants se forment peu à peu au ventre des mères, et comment les plantes sortent de leurs semences, que si on avait seulement considéré quels ils ont été quand Dieu les a créés ; tout de même, nous ferons mieux entendre quelle est généralement la nature de toutes les choses qui sont au monde si nous pouvons imaginer quelques principes qui soient fort intelligibles et fort simples, desquels nous fassions voir clairement que les astres et la Terre, et enfin tout ce monde visible aurait pu être produit ainsi que de quelques semences (bien que nous sachions qu'il n'a pas été produit en cette façon), que si nous le décrivions seulement comme il est, ou bien comme nous croyons

1. Il s'agit de causes explicatives des phénomènes.

qu'il a été créé. Et parce que je pense avoir trouvé des principes qui sont tels, je tâcherai ici de les expliquer.

Art. 46. *Quelles sont ces suppositions.*

Nous avons remarqué ci-dessus que tous les corps qui composent l'univers sont faits d'une même matière, qui est divisible en toutes sortes de parties, et déjà divisée en plusieurs qui sont mues diversement et dont les mouvements sont en quelque façon circulaires, et qu'il y a toujours une égale quantité de ces mouvements dans le monde ; mais nous n'avons pu déterminer en même façon combien sont grandes les parties auxquelles cette matière est divisée, ni quelle est la vitesse dont elles se meuvent, ni quels cercles elles décrivent ; car ces choses ayant pu être ordonnées de Dieu en une infinité de diverses façons, c'est par la seule expérience, et non par la force du raisonnement, qu'on peut savoir laquelle de toutes ces façons il a choisie. C'est pourquoi il nous est maintenant libre de supposer celle que nous voudrons, pourvu que toutes les choses qui en seront déduites s'accordent entièrement avec l'expérience. Supposons donc, s'il-vous-plaît, que Dieu a divisé au commencement toute la matière dont il a composé ce monde visible en des parties aussi égales entre elles qu'elles ont pu être, et dont la grandeur était médiocre, c'est-à-dire moyenne entre toutes les diverses grandeurs de celles qui composent maintenant les cieux et les astres ; et, enfin, qu'il a fait qu'elles ont toutes commencé à se mouvoir d'égale force en diverses façons, à savoir : chacune à part autour de son propre centre, au moyen de quoi elles ont composé un corps liquide, tel que je juge être le ciel ; et avec cela plusieurs ensemble autour de quelques centres disposés en même façon dans l'univers que nous voyons que sont à présent les centres des étoiles fixes, mais dont le nombre a été plus grand, en sorte qu'il a égalé le leur, joint à celui des planètes et des comètes ; et que la vitesse dont il les a ainsi mues était médiocre, c'est-à-dire qu'il a mis en elles toutes autant de mouvement qu'il y en a encore à présent dans le monde. […]

Art. 47. *Que leur fausseté n'empêche point que ce qui en sera déduit ne soit vrai.*

Ce peu de suppositions me semble suffire pour m'en servir comme de causes ou de principes, dont je déduirai tous les effets qui paraissent en la nature, par les seules lois ci-dessus expliquées. Et je ne crois pas qu'on puisse imaginer des principes plus simples, ni plus intelligibles, ni aussi plus vraisemblables que ceux-ci. Car bien que ces lois de la nature soient telles qu'encore même que nous supposerions le chaos des poètes, c'est-à-dire une entière confusion de toutes les parties de l'univers, on pourrait toujours démontrer que par leur moyen cette confusion doit peu à peu revenir à l'ordre qui est à présent dans le monde, et que j'aie autrefois entrepris d'expliquer comment cela aurait pu être, toutefois, à cause qu'il ne convient pas si bien à la souveraine perfection qui est en Dieu de le faire auteur de la confusion que de l'ordre, et aussi que la notion que nous en avons est moins distincte, j'ai cru devoir ici préférer la proportion et l'ordre à la confusion du chaos ; et parce qu'il n'y a aucune proposition ni aucun ordre qui soit plus simple et plus aisé à comprendre que celui qui consiste en une parfaite égalité, j'ai supposé ici que toutes les parties de la matière ont au commencement été égales entre elles, tant en grandeur qu'en mouvement, et n'ai voulu concevoir aucune autre inégalité en l'univers que celle qui est en la situation des étoiles fixes, qui paraît si clairement à ceux qui regardent le ciel pendant la nuit qu'il n'est pas possible de la mettre en doute. Au reste, il importe fort peu de quelle façon je suppose ici que la matière ait été disposée au commencement, puisque sa disposition doit par après être changée, suivant les lois de la nature, et qu'à peine en saurait-on imaginer aucune de laquelle on ne puisse prouver que par ces lois elle doit continuellement se changer, jusqu'à ce qu'enfin elle compose un monde entièrement semblable à celui-ci, bien que peut-être cela serait plus long à déduire d'une supposition que d'une autre ; car ces lois étant cause que la matière doit prendre successivement toutes les formes dont elle est capable, si on considère par ordre toutes ces formes, on pourra enfin parvenir à celle qui se trouve à présent en ce monde. Ce que je mets ici expressément, afin qu'on remarque qu'encore que je parle de suppositions, je n'en fais néanmoins aucune dont la fausseté, quoique connue, puisse donner occasion de douter de la vérité des conclusions qui en seront tirées.

Thibaut Gress

DE L'HISTORICITÉ DE LA NOTION D'ESPACE

LOCALISER OU SPATIALISER ?
LA DIFFICILE GESTATION DE L'ESPACE

De toute évidence, tout le texte cartésien reproduit ci-dessus vise à identifier le corps matériel à une substance étendue. À cet égard, loin de destituer la substantialité des choses, Descartes la reconduit au moins dans l'ordre de la représentation et ferme d'emblée la porte à la possibilité d'un espace pensé pour et par lui-même, les choses matérielles étant premières et représentées *comme* substantielles.

À cet effet, en montrant qu'il est impossible de se représenter les corps matériels autrement que comme une substance étendue – notons ici le singulier puisqu'il est question de la matière *en général* –, Descartes ne prend pas le tournant d'une désubstantialisation des choses et s'écarte de la première condition rendant possible une conception typiquement moderne de l'espace. Toutefois, comme souvent avec l'auteur des *Principes de la Philosophie*, les choses sont plus complexes qu'il n'y paraît : s'il part bien des corps, il cherche bien moins à assurer l'autonomie de chacun d'entre eux qu'à identifier ce par quoi ils sont des corps, c'est-à-dire à identifier ce que signifie être « matériel » ou, plus exactement encore, ce que signifie *pour la pensée* être matériel. Dans cette perspective, l'enjeu cartésien consiste à déterminer s'il est possible de penser la matérialité pour elle-même, sans faire appel à autre chose ; si cela s'avère possible alors les corps matériels seront conçus sous l'angle d'une certaine substantialité.

Il se trouve que, dans le livre I des *Principes de la Philosophie*, Descartes avait montré qu'il était possible et même nécessaire de concevoir tout corps matériel comme une substance dont l'attribut principal fût « l'étendue en longueur, largeur et profondeur »[1]. C'était dire que la tridimensionnalité – longueur, largeur, profondeur – *suffisait* à concevoir tout corps matériel et donc que la matérialité ainsi pensée pouvait être déterminée comme une substance étendue. Mais, ce faisant, c'était moins chaque corps qui se trouvait pensé comme autonome que les corps matériels en général dont Descartes avait à cœur de montrer que c'était leur matérialité qu'il convenait de penser et non leur singularité[2].

À la faveur du raisonnement cartésien apparaît un balancement opéré par la substantialité elle-même : d'un côté, celle-ci est maintenue pour penser les corps matériels, mais de l'autre elle est transférée de la singularité des corps vers leur universalité matérielle. Les corps se suffisent donc à eux-mêmes pour être pensés dans leur matérialité

1. Descartes, *Principes de la Philosophie*, I, § 53, AT IX-II, 48 ; FA III, 123.

25. Nous touchons là à l'une des grandes difficultés du cartésianisme, à savoir l'unicité ou la pluralité des substances étendues. La logique du cartésianisme tend vers l'unicité, mais certains textes, dont la Troisième Méditation, évoquent la pluralité. Une bonne présentation des débats se trouve dans l'article de M. de Almeida Campos, « Le débat sur le statut des corps dans la philosophie de Descartes », *Philonsorbonne* [En ligne], 10, | 2016, mis en ligne le 19 janvier 2016, URL : http ://philonsorbonne. revues.org/774 ; DOI : 10.4000/philonsorbonne. 774.

puisque la tridimensionnalité de l'étendue suffit à se les représenter, ce en quoi Descartes ne destitue pas la substantialité ; mais en même temps la substantialité change de sens en tant qu'elle nomme désormais le support d'un attribut universel permettant de penser dans son autonomie l'entité envisagée, c'est-à-dire le corps matériel pris en général, même si, par commodité, il peut arriver à Descartes de parler de « substances étendues » pour désigner les corps matériels.

Le paradoxe qui découle de l'approche cartésienne apparaît alors au grand jour : si Descartes ne se détourne pas des choses au profit de leur cadre, il se détourne néanmoins de leur singularité puisque chaque corps matériel n'est jamais que la modulation ou le mode – par la figure et le mouvement – d'une même matière étendue. Il n'y a ainsi qu'une matière qui adopte une infinité de formes dont la différenciation n'est jamais que quantitative. Ce faisant, davantage que des corps, il serait plus juste de dire que Descartes ne se détourne pas de la *corporéité* et ce dans la mesure où la singularité qualitativement déterminée ne constitue pas l'objet de sa réflexion.

Découle de cette analyse la compréhension d'un problème : destituer la substantialité des corps ne saurait avoir de sens univoque. Si la corporéité a quelque chose de substantiel chez Descartes, c'est en tant qu'un attribut autonome et suffisant – l'étendue – permet de se représenter tout corps, mais cela ne signifie pas que chaque corps constitue pour lui-même une substance réellement autonome, puisqu'il n'est qu'un mode de la substance. De ce fait, Descartes nous donne un premier sens inattendu de la destitution de la substantialité qui est celui d'une destitution de l'autonomie du singulier. Un corps singulier ne peut pas être pensé en-dehors de l'attribut universel de la substance qu'est l'étendue, et que prolongent la figure et le mouvement.

Mais ce premier sens doit recevoir son complément. C'est en effet selon deux directions supplémentaires que peut être entendu le fait de ne plus être autonome et de ne plus se suffire à soi-même. Cela peut signifier en un second sens une *dépendance* à l'endroit d'autres choses, et donc une sorte de structure réticulaire dans laquelle chaque chose serait conditionnée par toutes les autres, c'est-à-dire par le réseau pris en son entier. Mais être conditionné ce n'est pas encore être inclus dans un cadre, c'est simplement être élément d'un réseau. De ce fait, la destitution de la substantialité des choses peut également s'entendre en un troisième sens, celui pour lequel les corps seraient réduits au statut de « contenu » qui ne pourrait être pensé indépendamment d'un contenant qui lui préexisterait, logiquement ou ontologiquement.

Ainsi s'obtiennent les trois significations majeures de la désubstantialisation des corps : une première *a minima* qui se contente de faire de chaque corps un mode d'une substance étendue, une seconde qui crée une interdépendance des corps dans une structure organique de type réticulaire, et une troisième qui réduit les corps à un statut de contenu conditionné par un contenant lui-même pensable indépendamment de son contenu.

D'une certaine manière, ce n'est qu'au prix de la troisième entente de la désubstantialisation que pourra être affirmée la pleine et entière autonomie de l'espace à l'endroit des choses ; mais une telle conception rencontre de telles difficultés et de tels obstacles que le présent ouvrage ne cessera de se demander si cette condition peut être satisfaite,

y compris chez des auteurs qui ont semblé s'en approcher
– Kant en premier lieu. Autrement dit, notre ambition
consiste à interroger en sa racine la possibilité même que
l'espace soit conçu comme tel, et que celui-ci puisse être
pensé indépendamment de toute autre réalité. À bien des
égards, c'est donc à la restitution de la difficulté d'élaborer
une authentique science de l'espace, lequel serait objet
spécifique d'un savoir, que seront consacrées les analyses
à venir.

OÙ SONT LES CHOSES ? LE LIEU SANS L'ESPACE

Localiser : le lieu aristotélicien

Il apparaît au terme de cette introduction qu'une
authentique réflexion consacrée à l'espace ne saurait partir
de l'espace lui-même puisque l'émergence de celui-ci est
conditionnée par la destitution de la substantialité des
choses matérielles ne pouvant plus être pensées par ni pour
elles-mêmes. Une telle destitution conduit à progressivement
thématiser une sorte d'arrière-plan plus fondamental depuis
lequel se manifesteraient les choses *en tant que contenu
d'un contenant*, bien qu'une telle relation d'inclusion
ne puisse être l'effet *immédiat* de la destitution de la
substantialité, tant la plurivocité parcourt cette dernière.

Mais alors, pourrait-on demander, est-ce à dire qu'avant
l'émergence de la notion d'espace newtonien, on ne
disposait d'aucun rapport spatial au monde ? À pareille
question doit être apportée une réponse nuancée : de toute
évidence était abordé le problème de la *localisation* et du
« lieu » ; partant, la question « *où* sont les choses ? » pouvait
fort bien être posée sans que ne soit posée celle de la
spatialisation. Ainsi, si l'on ne demandait pas *dans quoi*

se trouvent les choses, on pouvait néanmoins interroger leur lieu, et penser ce dernier comme déterminé par les choses elles-mêmes.

Comme souvent, Aristote peut ici servir de symptôme d'une façon de voir et d'illustrateur d'une vision du monde sans en être l'initiateur. Utilisant une langue – le grec ancien – dont le lexique ne dispose pas du mot « espace », Aristote n'en soulève pas moins, notamment dans la *Physique*, la question de la localisation et parvient à une célèbre définition du « lieu » :

> Dès lors, si le lieu [*topos*] n'est aucune de ces trois choses : ni la forme, ni la matière, ni un certain intervalle toujours présent à part de celui de la chose qui change de lieu, il est nécessaire que le lieu soit la dernière des quatre, la limite du corps enveloppant à l'endroit où il touche le corps enveloppé ; j'entends par corps enveloppé celui qui change par transport[1].

Décisif est ce texte : Aristote incarne ici une grande partie de la pensée antique qui fait des choses elles-mêmes le point de départ de la pensée, et qui donc ne part ni d'une abstraction, ni de l'esprit. Il s'agit de penser depuis les choses le lieu où chacune d'entre elles se trouve. De ce fait, c'est *la chose qui détermine son lieu propre*, permettant de juger que le localisable est doté de sens. Il en découle que le lieu est comme l'enveloppe des corps matériels, à telle enseigne qu'il y a autant de lieux que de corps matériels ; par ailleurs le lieu n'est pas une réalité de nature quantitative, déterminée par des coordonnées, mais est une réalité de nature qualitative, déterminée par la nature même du corps dont il est justement le lieu. Pour le dire autrement,

---

1. Aristote, *Physique*, IV, 212a, 2-7, trad. fr. P. Pellegrin, Paris, GF-Flammarion, 2000, p. 220-221.

l'hétérogénéité des corps détermine l'hétérogénéité des lieux qui, en tant qu'enveloppes des choses corporelles, en expriment la nature et doivent donc être conçus sur un plan qualitatif et fixe. Ce qui permet à Aristote d'en donner une définition ferme : « la limite immobile première de l'enveloppant, voilà ce qu'est le lieu »[1].

Le lieu comme porteur de la détermination qualitative des choses

Mais cela ne suffit guère à épuiser le sens du lieu. Celui-ci ne doit pas être confondu avec la chose corporelle bien qu'il l'épouse à la manière dont une enveloppe enveloppe la chose. De ce fait, lieu et chose localisée sont hétérogènes bien que contigus. Par ailleurs, dire que le lieu est déterminé par la chose corporelle, c'est dire que les propriétés du lieu doivent être conformes à celles que manifeste le corps et que ce sont ces dernières qui font voir les propriétés du lieu. Ainsi un fleuve, comme lieu de la navigation, ne se révèle-t-il *navigable* (propriété du lieu) qu'à la faveur de la navigation du navire (propriété du corps matériel). C'est donc le navire comme chose corporelle qui fait la navigabilité du fleuve et non la navigabilité du fleuve qui permet au navire d'y naviguer, ce sans quoi ce serait le lieu qui déterminerait le type de corps qu'il pourrait accueillir ; or, toute la réflexion sur le lieu vise à justement penser la nature de ce dernier depuis le corps matériel et non l'inverse. C'est la fusée qui fait l'accessibilité de la Lune et ainsi de suite, ce qui revient à dire que le lieu n'est lieu que pour autant que *quelque chose y a lieu*.

---

1. *Ibid.*, 212a20, p. 221

Nous pouvons exemplifier cette façon de relier la nature du lieu à la nature de la chose avec la *Commedia* de Dante dont la résonance aristotélicienne est manifeste. La *Commedia* (1303-1321) est organisée selon trois « lieux » que sont l'Enfer, le Purgatoire, et le Paradis. Dire de l'Enfer qu'il est un lieu, c'est dire si l'on est aristotélicien qu'il est, en tant que lieu, à la fois l'enveloppe d'un certain type de réalités, et qu'il dispose en même temps d'une nature qui est pleinement déterminée par celle des réalités dont il est l'enveloppe. À cet égard, l'Enfer doit par son nom même donner une indication qualitative quant à la nature de ce dont il est le lieu. Dante emploie le terme *Inferno* qui vient du latin *Infernus* signifiant littéralement « qui est en-dessous », et *inferior* signifiant « inférieur ». Par conséquent la notion même d'Enfer est à la fois une localisation (dessous) et une qualité : l'infériorité (morale). Ainsi, l'Enfer est à la fois le lieu souterrain, donc inférieur quant à sa localisation, et en même temps l'indication de la qualité de ce qui s'y trouve, à savoir les âmes inférieures, damnées et condamnées à être éternellement privées de Dieu. On comprend ici que la nature des âmes en tant que damnées détermine le type de lieu dans lequel elles se trouvent, et que l'infériorité morale et spirituelle de telles âmes « donne lieu » à une localisation spécifique, lieu marquant leur infériorité : l'Enfer.

Ainsi se tisse une intime relation entre le fait même d'*être* pour une chose, et la nécessité d'occuper un lieu. Cela se ressent jusque dans la question fondamentale du « où ? ». Demander où se trouve quelque chose, c'est partir de la chose puis la localiser ; et demander où se trouve la chose, c'est demander « où elle a lieu » ; en somme, c'est comprendre que, pour une chose corporelle, *être* signifie

« avoir un lieu », et avoir un lieu c'est au fond *avoir lieu*. Nous remarquons que nombre de langues européennes pratiquent cette équivalence entre la présence d'une chose et le fait que cette chose ait lieu : l'anglais dit volontiers que quelque chose *takes place*, l'allemand utilise le verbe *stattfinden*, tandis que l'italien fait usage du syntagme *avere luogo*, *luogo* signifiant lieu. Le réel ne se produit que s'il a lieu, que s'il possède un lieu pour advenir, et des philosophes contemporains à l'instar de Renaud Barbaras[1] n'hésitent guère à renouer avec cette intime liaison de l'être et du lieu, enjambant presque par un mouvement de retour toute l'élaboration moderne de l'espace.

Le problème de l'intervalle

Néanmoins, si la logique même d'un questionnement sur la localisation partant de la présence des choses semble assez naturelle, apparaît aussitôt une difficulté : s'il y a plusieurs choses, et donc plusieurs lieux, alors qu'y a-t-il *entre les choses et entre les lieux*? La logique même du lieu n'impose-t-elle pas de penser la relation entre les choses et donc entre les lieux et, partant, de poser un espace qui serait le cadre où coexisteraient plusieurs lieux? Les choses semblent en effet éloignées les unes des autres, et aller d'une chose à une autre suppose d'aller d'un lieu à un autre, ce *parcours* semblant devoir impliquer un espace. En d'autres termes, on pourrait considérer que la *distance* entre chaque chose est la manifestation évidente d'une

---

1. *Cf.* les descriptions phénoménologiques de R. Barbaras dans *L'appartenance. Vers une cosmologie phénoménologique*, Louvain, Peeters, 2019, en particulier les pages 44-46.

spatialité, et ainsi faire de celle-ci un élément aussi originaire que la manifestation même des choses.

De fait, il est vrai que les Grecs en général, et Aristote en particulier, ont fort bien pensé la notion d'intervalle ; il est également vrai que le *spatium* en latin désigne l'intervalle entre les choses dotées d'un lieu, à savoir cette *distance* qui les éloigne les unes des autres. Par le *spatium*, les choses sont *espacées* mutuellement, *espacement* qui se trouve d'ailleurs mobilisé pour nommer les pistes de course ou encore les arènes afin de qualifier la distance entre le point de départ et le point d'arrivée. Mais penser un intervalle entre des choses c'est encore penser *depuis les choses* et rendre compte des relations qu'elles entretiennent, relations qui, de surcroît, n'établissent pas tant une dépendance mutuelle les unes à l'égard des autres qu'elles ne rendent possible la détermination d'une distance ou d'une surface.

Exemplifions. Se déplacer de sa chaise à son lit, ce n'est nullement dire que le lit dépend de la chaise, mais c'est établir une distance entre la chaise et le lit, distance qui peut être parcourue. De ce point de vue, l'intervalle ou l'espacement demeure piloté par des choses qui servent de points fixes et qui déterminent les bornes de l'intervalle sans que ne soit établie de co-dépendance : c'est l'intervalle qui dépend des choses, et non les choses les unes des autres. Que soient déterminables des intervalles entre les choses ne menace donc pas l'indépendance substantielle de celles-ci et ne destitue pas leur substantialité : l'intervalle signifie au contraire que, entre des choses précisément localisées, peuvent être établies des relations de distance.

Illustration picturale d'une approche localiste

Afin de conférer à notre propos un effet de réel, nous pouvons faire appel à la peinture médiévale dans laquelle, même chez des peintres comme Giotto (1266-1337) annonciateur à bien des égards de la révolution renaissante et contemporain de Dante, demeure présente une figuration où s'impose la substantialité de chaque corps qui se trouve représenté pour et par lui-même indépendamment de tous les autres. Si nous regardons par exemple *Saint François recevant les stigmates* au Louvre (vers 1299), nous constatons que la représentation de chaque figure est pensée depuis son importance théologique et spirituelle, donc depuis ses qualités propres, et non selon une exigence de cohérence globale. Ainsi le Christ et Saint-François ont-ils leur « lieu » propre, et sont-ils démesurément grands au regard des maisons dans lesquelles ils ne pourraient pas rentrer, ou même de la montagne dont ils égalent quasiment la hauteur. Cela ne procède pas d'une incompétence technique de Giotto mais s'explique bien davantage par une vision du monde où chaque figure vaut par elle-même et n'est donc conditionnée ni par un cadre dont elle serait l'élément, ni même par les relations de proportion qu'elle devrait entretenir avec les autres. Pour le dire autrement, c'est l'importance propre de chaque corps qui en détermine la taille et le volume, et donc le lieu singulier, et non les exigences d'une cohérence strictement géométrique ou perceptive. *La hiérarchie des significations dicte la hiérarchie de la représentation.* Il en découle que les figures ne sont pas disposées dans un espace préexistant, ni géométriquement conçues selon des rapports ordonnés, mais s'imposent d'elles-mêmes et manifestent leur signification propre depuis leur seule figuration locale.

Giotto (Giotto di Bondone), *Saint François d'Assise
recevant les stigmates*, Paris, musée du Louvre.
© RMN-Grand Palais (musée du Louvre) / Michel Urtado

Par ailleurs, chaque figure est bien espacée des autres sans que cet espacement ne conduise à concevoir un espace-cadre dont les figures ne seraient que des éléments : là-contre, chaque figure a son lieu propre, conçu depuis la nature du corps qu'il enveloppe, et si Giotto confère aux visages et aux gestes une certaine individuation, il ne brise pas pour autant la logique localiste de chaque corps.

ABANDONNER LE LIEU, EST-CE CONCEVOIR L'ESPACE ? LA NOTION DE COMPOSITION

Nous pouvons à présent introduire une révolution picturale inhérente à la Renaissance italienne. L'un des points saillants de la peinture du Quattrocento concerne la rupture avec la notion de lieu au profit d'une pensée réticulaire, géométriquement et/ou perceptivement structurée, par laquelle chaque élément de la représentation se trouve mis en relation avec tous les autres. On comprend du même geste que si les figures viennent à être pensées selon des critères de cohérence géométrique ou perceptive, cela signifie certes que leur signification interne n'est plus législatrice en matière de représentation, et donc que l'idée même de « lieu » doit être abandonnée. Mais est-ce à dire qu'apparaît mécaniquement une insertion de la figure dans un espace global ?

À vrai dire, la réponse est négative : l'abandon du lieu ne suffit aucunement à faire émerger un espace cadre comme milieu homogène[1]. En effet, penser ensemble chaque figure détermine une *composition*, un agencement commun où chaque figure se fait élément d'un tout, et c'est

---

1. Ce point est analysé dans T. Gress, *L'œil et l'intelligible. Essai philosophique sur le sens de la forme en peinture*, tome II, 2e partie, « Profondeur spatiale et perspective », Paris, Kimé, 2015, p. 11-276.

fondamentalement cela que la Renaissance appellera
« composition » puis « perspective » dans le sillage de la
théorisation qu'en proposera Leon Battista Alberti :

> La *composition* [*compositio*] est dans la peinture le
> procédé par lequel les parties sont disposées [*componuntur*]
> dans l'œuvre du peintre. Le plus grand travail du peintre
> n'est pas de faire un colosse mais une histoire [*historia*].
> Et son talent aura plus de mérite dans une histoire que
> dans un colosse[1].

Le concept de composition ne saurait donc être identifié
sans autre forme de procès à un espace-cadre qui suppose
non pas une dépendance de l'élément à l'endroit de tous
les autres mais bien une *inclusion* de celui-ci à l'intérieur
d'un contenant qui, en lui-même, semble vide ou est, à
tout le moins, *pensable comme vide*. Il convient donc de
ne pas confondre la composition et l'espace, c'est-à-dire
la dépendance réticulaire de chaque figure disposée par
rapport aux autres et non à partir d'elle-même, et le cadre
vide destiné à accueillir un certain nombre d'éléments
obéissant à certaines règles.

De surcroît, une telle composition est conditionnée par
le regard humain : loin d'être autonome, elle ne vaut que
depuis un regard *situé* à partir duquel seront disposées les
figures en vue de les composer. Loin donc de concevoir
un espace pictural autonome, produisant sa propre
organisation, la révolution renaissante substitue certes
l'interdépendance des corps à l'approche localiste, mais
elle ne fait pas de l'espace une réalité pensable pour elle-
même, un contenant absolu, pas plus qu'elle ne l'absolutise
et le libère du regard humain. Bien au contraire c'est ce

---

1. Alberti, *De la peinture / De Pictura*, II, § 35, trad. fr. J.-L. Schefer,
Paris, Macula, 1992, p. 159.

dernier qui est législateur dans la disposition même de la représentation et qui conditionne l'espace pictural.

On comprend donc, à la faveur de cette rapide incursion dans la peinture renaissante, qu'il *ne suffit pas de désubstantialiser les choses et de briser leur auto-suffisance qualitative pour parvenir à la notion même d'espace.* Il faut encore que ce dernier puisse être conçu *indépendamment* des objets, donc *puisse être conçu comme vide* et susceptible *d'accueillir* un contenu. En d'autres termes, à l'exigence que les choses ne soient plus qu'un remplissement secondaire d'un cadre capable de les accueillir s'ajoute celle voulant que celui-ci fût pensable pour lui-même et donc qu'il fût pensable comme vide, ce sans quoi l'espace ne serait pas tant pensé pour lui-même que relativement à des choses qui disposeraient d'une primauté sur ce dernier.

CONCEPTION ATOMISTIQUE DU VIDE

Fonction du vide chez les atomistes

L'analyse précédente a montré qu'il n'était pas possible de comprendre ce qu'est l'espace indépendamment d'une réflexion sur le vide ; or, loin d'être l'objet d'une recherche moderne, celui-ci a longtemps intrigué la philosophie antique ainsi qu'en témoigne l'approche que les atomistes antiques en ont proposée à travers le concept de *kénon*. Rappelons en effet avec Diogène Laërce que, chez Démocrite, « les principes des choses dans leur ensemble sont les atomes et le vide : tout le reste est objet de croyance. »[1]. À cet égard existent des composés atomiques

---

1. Diogène Laërce, *Vies et doctrines des philosophes illustres*, IX, 44, trad. fr. M.-O. Goulet-Cazé (éd.), Paris, La Pochothèque-LGF, 1999, p. 1080.

qui, à la faveur de tourbillons, se forment et se déforment, déterminant un monde labile où des atomes se déplacent éternellement dans le vide pour s'agglomérer et former des corps dont la complexité varie.

Mais à peine a-t-on dit cela que surgit une incongruité : comment peut-on dire que chez Démocrite et ses héritiers se trouverait une défense du vide sans que ne s'y trouvât la notion d'espace ? Si le vide est thématisé par les atomistes, alors l'espace semble l'être également et l'on se prend à douter que l'espace n'émerge qu'à la faveur de la modernité puisque si les atomes se déplacent dans le vide, ils se déplacent bien *dans* quelque chose, et ce quelque chose semble difficilement distinguable de l'espace.

Une telle impression est notamment redoublée par certains textes de Lucrèce qui, vers le premier siècle avant notre ère, semble identifier sans autre forme de procès le vide et l'espace, comme l'indique le texte suivant :

Mais puisque je t'ai appris que les éléments de la matière sont absolument compacts
Et volent, invincibles, à travers l'éternité,
Allons ! il est temps d'aller plus loin dans le *volumen*[1]. Y a-t-il une limite à leur somme
Ou non ? De la même façon que le vide [*inane*] dont nous avons découvert l'existence,
ou, si l'on veut le lieu ou l'espace [*seu locus ac spatium*] dans lequel [*in quo*] sont produites [*gerantur*] toutes choses [*res*], voyons sérieusement s'il forme un tout absolument limité [*finitum funditus omne constet*]
ou s'il s'ouvre immense, vaste et profond [*an immensum pateat vasteque profundum*][2].

1. Un *volumen* est un volume, c'est-à-dire un texte enroulé qu'il convient de dérouler.
2. Lucrèce, *La nature des choses*, I, vers 951-957, trad. fr. J. Pigeaud (traduction modifiée), Paris, Gallimard, 2015, p. 84.

Il convient ici de prêter attention à la logique du texte et de ne pas projeter l'évidence de notre propre approche de l'espace sur une époque qui n'en disposait pas. En première instance il appert que ce qui intéresse Lucrèce n'est pas ici la nature du vide mais plutôt son extension : est-il fini ou infini ? La suite du passage visera à réfuter en effet la possibilité d'un vide fini et limité. Mais, bien plus encore, importe le verbe *gero* qui, à n'en pas douter, doit être ici traduit par « produire » ou « engendrer ». Pour un atomiste, en effet, le vide est la condition par laquelle circulent les atomes et par laquelle donc sont engendrés ou produits les corps composés ; de ce fait, le vide de Lucrèce n'est-il rien d'autre que l'intervalle [*spatium*] grâce auquel circulent et se rencontrent les atomes, mais aussi le lieu défini par la rencontre et l'agrégation.

On comprend ainsi que ce qui est *inanis* (vide) peut être traduit dans le lexique du *locus* et du *spatium* sans que le référent spatial en jeu ne diffère réellement. Un même endroit peut être pensé comme « vide » s'il se fait condition de possibilité de la mobilité des atomes, comme « lieu » s'il est défini depuis l'agrégation des atomes et la composition des corps, ou encore comme *spatium* s'il est question de penser l'espacement entre les atomes. Il ne s'agit pas d'endroits différents mais bel et bien de *nuances fonctionnelles* qui, toutes, se trouvent pensées à partir de la rencontre des atomes.

Lucrèce ne thématise donc pas l'espace pour lui-même mais continue de penser depuis les choses matérielles – les *res* – et identifie la condition de leur formation qui équivaut à la condition matérielle de la circulation des atomes. À cet égard, le vide étant par nature subordonné à une fonctionnalité, à savoir expliquer la formation des choses matérielles comme agrégats, il ne saurait donner lieu à une pensée de l'espace autonomisé, puisque la reprise du *spatium* pour qualifier le vide n'est jamais que le rappel de la nécessité d'un intervalle entre les choses pour qu'aient lieu déplacements et rencontres atomiques.

Le « tout » illimité est-il un proto-espace ?

Mais ne pourrait-on pas objecter qu'avec la réflexion consacrée au caractère limité ou non de l'univers apparaît en réalité une réflexion sur l'espace lui-même en tant qu'il pourrait être fini ou infini ? La question se pose depuis qu'Archytas de Tarente (435-347) a défendu la possibilité que les lieux s'étendent à l'infini ; si l'on se positionnait sur ce que la cosmologie antique appelait la « sphère des fixes », soit la sphère cosmique la plus éloignée de la terre, pourrait-on étendre le bras au-delà ? Dans un raisonnement localiste où le lieu n'est jamais que ce qui contient un corps, alors dire que le bras peut être étendu au-delà de la sphère des fixes, c'est dire qu'il existe un lieu au-delà de celle-ci et, partant, que le *cosmos* ne peut être fini ni clos puisque le raisonnement peut sans cesse être reconduit.

Cette expérience de pensée va fréquemment se retrouver chez les atomistes, en particulier chez Épicure[1], et sera même décrite par Cicéron[2]. C'est donc fort naturellement qu'on la retrouve exposée chez Lucrèce sous une forme versifiée :

Le tout [*omne*], donc, quelle que soit sa direction [*regione*]
Ne saurait être limité [*finitumst*] ; sinon il devrait avoir une extrémité.
Or il est évident qu'aucune chose [*nullius*] ne peut avoir une extrémité,
Si plus loin n'existe quelque chose qui le limite [*finiat*] de sorte que l'on voie

1. Cf. *Lettre à Hérodote*, § 41.
2. Cf. *La divination*, II, 103.

Ce quelque chose [*quo*] au-delà duquel la nature de nos sens
[*sensus*] ne peut plus le suivre.
Or puisqu'il faut admettre qu'il n'y a rien [*nihil*] en-dehors de
la somme des choses [*extra summam*]
Alors, elle n'a pas d'extrémité ; elle n'a donc ni limite ni
mesure. […].
En outre, si maintenant le tout, qu'est l'étendue [*omne quod
est spatium*], était considéré comme limité [*finitum*]
et si un homme s'élançait
jusqu'au bout des limites extrêmes et de là lançait un javelot
qui s'envolât ;
Ce trait jeté à toutes forces, que choisis-tu ?
Qu'il aille vers son but et s'envole au loin,
Ou penses-tu que quelque obstacle puisse interrompre son
vol ?
Car il faut que tu admettes et choisisses l'une ou l'autre de ces
propositions.
Or l'une et l'autre te ferment toute échappatoire,
Et te forcent à concéder que le tout [*omne*] s'ouvre [*patere*]
sans fin[1].

L'argument est ici très fort et très classique et consiste
à poser une alternative très convaincante en vue de prouver
que, quel que soit le terme de l'alternative, on doit conclure
à une absence de limite :

– Soit il y a une limite, mais une limite est toujours
une limite entre deux éléments, et donc la limite n'est pas
limite ultime du tout mais bien plutôt limite entre deux
régions du tout.

– Soit il n'y a pas de limite, le javelot poursuit sa route,
et le tout est illimité.

---

1. Lucrèce, *La nature des choses*, I, 958-976, *op. cit.*, traduction
largement modifiée, p. 84-85.

Toutefois, il faut à nouveau se méfier des fausses évidences. La première serait de plaquer l'idée d'« univers », évidemment absente du texte, sur le terme *omne*. Il n'y a pas d'univers au sens propre chez un atomiste en général ni chez Lucrèce en particulier car le terme d'univers suppose une *unité qualitative* vers laquelle tout serait tourné, unité dont la cosmologie atomiste est dépourvue. Cette remarque est cruciale car elle vise à rappeler qu'il n'y a pas d'univers *en plus de* l'être et du non-être, des atomes et du vide : il n'y a que les atomes et le vide, et rien de plus – pas même une force tournant le tout vers une unité – ne se surajoute à l'être (atomes) et au non-être (vide). Or, de même qu'il faut refuser l'univers qui viendrait en plus du tout, de même il faut refuser l'espace qui se surajouterait à celui-ci : il n'y a rien, affirme Lucrèce, en-dehors de la somme des choses (vers 936) et puisque les choses ne sont jamais que les atomes et le vide, ce serait explicitement aller à l'encontre de la logique atomiste en général et du texte de Lucrèce en particulier que d'y ajouter l'espace. De ce fait, le vers 969 qui associe *spatium* à *omne* ne désigne nullement l'espace existant comme cadre infini vide, mais désigne tout au contraire les atomes infinis qui, pour s'agréger, requièrent un espacement lui-même infini, de sorte que le tout – atomes et espacements – puisse être appelé « étendue » dans le cadre du lexique dynamique d'ouverture, ainsi qu'en témoigne la présence du verbe *pateo* qui, loin d'indiquer un cadre fixe, évoque au contraire cette dynamique d'espacement infini entre les atomes infinis.

Ce que décrit Lucrèce n'est donc pas un cadre autonome, statique et vide, mais bien au contraire une espèce de dynamique d'ouverture – *pateo* – par laquelle s'étend infiniment un espacement dont le latin dit qu'il est *ingens* (vers 1006), c'est-à-dire immense, grâce auquel les choses, c'est-à-dire les atomes, disposent de voies de circulation et de rencontres elles-mêmes infinies. On pourrait donc considérer que le vide est au sens propre *spatium* en tant qu'espacement entre les atomes, tandis que le tout – *omne* – est « étendue » au sens où il désigne à la fois les éléments matériels et leur circulation dans l'espacement qu'est le vide.

Le vide et non l'espace vide

Au total, s'il est vrai que se trouve chez un Lucrèce une spéculation sur le tout infini, et s'il est également vrai que le vide semble s'espacer à l'infini, il n'est pas pour autant vrai que s'y trouve une conception de l'espace-cadre autonome et vide. Cela tient d'abord au fait qu'il n'y a *rien* qui viendrait en plus du tout, c'est-à-dire en surcroît des atomes et du vide, et qu'il ne saurait y avoir d'espace en sus de ces derniers, mais cela repose aussi sur l'impossibilité suivante : même si, par un coup de force anachronique étaient associés vide et espace, il apparaîtrait rapidement que le vide – et donc l'espace – ne saurait être pensé pour lui-même ; il n'est jamais que l'espacement infini dont ont besoin les atomes, *et il n'aurait pas de sens sans ces derniers*. Le vide n'est pas quelque chose qui peut être pensé pour lui-même et n'a donc pas d'autonomie : de ce fait, l'identifier à l'espace n'ouvrirait aucune pensée autonome de celui-ci.

Partant, ce qui prime chez les atomistes, en dépit des différences qui peuvent s'observer entre eux, est la nécessité de rendre compte de l'être et, plus précisément, de la *différence* entre les corps matériels. De ce point de vue, l'atomisme est une perspective qui ambitionne de restituer la logique même de la *différenciation des choses* ou, pour le dire autrement, de la composition différenciante des atomes depuis leur agrégation. De ce fait, le vide n'est jamais qu'une condition de cette explication et certainement pas un cadre général qui pourrait être pensé pour lui-même et hypostasié en espace autonome. C'est la raison pour laquelle les § 61 et 62 de la *Lettre à Hérodote* proposent une définition du vide comme ce qui ne fait pas obstacle, ce qui prouve d'une part que le vide est toujours pensé *à partir des atomes en mouvement* et non pour lui-même, et qui conduit d'autre part Épicure à déduire l'identité de célérité pour tous les atomes.

En somme, le vide n'est jamais que l'intervalle fluide qui s'étend entre les atomes et qui ne peut être pensé indépendamment de ces derniers. Quant au « tout », il est une somme d'être et de non-être, d'atomes et de vide, et certainement pas un espace absolu ni indépendant, venant en plus du vide et des atomes.

Milieu et contenant

Une dernière précision conceptuelle s'impose à la faveur du parcours que permettent les textes d'inspiration épicurienne. Le vide défendu avec les atomistes permet de déterminer la notion de milieu mais celle-ci se trouve subordonnée aux atomes et à leur mouvement. On comprend ainsi que *le milieu n'est pas nécessairement un contenant et que le contenant n'est pas nécessairement un milieu*. Le lieu est par exemple un contenant sans être un milieu, tandis que le vide atomistique est un milieu sans être un contenant. Cela tient au fait que, chez les atomistes, *le vide n'est pas une propriété de l'espace* puisqu'il n'y a pas d'espace cadre venant en plus des atomes et du vide.

Si l'on parvient en revanche à déterminer la spécificité de l'espace, alors ce dernier pourra servir de cadre autonome, de contenant non contraint par le contenu. À cet égard, un espace-cadre conçu comme contenant autonome ne se trouve aucunement déterminé par la qualité des corps qu'il accueille, ce qui revient à dire qu'il est *libéré de toute hétérogénéité déterminée depuis la différence des corps* qu'il peut de ce fait contenir indifféremment.

En somme, les atomistes permettent de penser le vide mais certainement pas l'espace vide ; le vide n'est en effet pas une propriété ou un attribut d'un espace qui viendrait en plus du vide et des atomes, mais est une nécessité au seul regard de la logique atomiste de composition des corps. Toutefois, en tant qu'ils font droit au *kénon* à rebours des arguments aristotéliciens, ils introduisent la possibilité d'une réflexion sur le milieu dans lequel pourraient évoluer les corps et préfigurent donc nombre de réflexions modernes au premier rang desquelles figure celle de Giordano Bruno.

QUEL EST LE LIEU DE L'UNIVERS ? GIORDANO BRUNO ET LA DÉFENSE D'UN ESPACE INFINI

À bien des égards, la grande ambiguïté de l'approche du vide par les atomistes tient au fait que *le vide est chez eux un milieu et non un contenant* : il est ce à travers quoi peuvent s'agréger les atomes mais il n'est pas une chose déterminée dont on pourrait dire qu'il serait une réalité capable d'accueillir les corps. Néanmoins, dans ce que nous avons déjà abordé figure la notion de « lieu » qui, en toute rigueur, est un contenant puisqu'il contient le corps dont il est précisément le lieu.

Si donc vole en éclat, avec la Renaissance, la détermination qualitative du lieu depuis le corps qu'il contient, peut en revanche être conservée l'idée de « contenant » : et pareille idée, reprise dans une optique atomiste, pourrait se conjuguer avec celle du « tout » ou, pour employer le terme fraîchement forgé, avec celle de l'« univers ». Autrement dit, un fin connaisseur des textes de Lucrèce ou d'Épicure, par ailleurs critique quant à la notion aristotélicienne de lieu, pourrait toutefois retenir de celle-ci la pertinence d'une réflexion sur le contenant et ainsi forger une question inédite : *quel est le contenant du tout*? D'une certaine manière, c'est la démarche qu'a entreprise Giordano Bruno dont nombre d'écrits témoignent d'une interrogation portant sur le lieu dans lequel peut être situé l'univers qui le conduit à poser la première définition connue de l'espace en tant que tel.

En schématisant quelque peu le propos de Bruno, il nous est possible de distinguer deux moments dans son élaboration de l'espace. Le premier est celui que porte le dialogue de 1584, *De l'infini, de l'univers et des mondes*, dans lequel la notion aristotélicienne de lieu se trouve pleinement congédiée par la seule force du raisonnement ; le second est véhiculé par le *De innumerabilibus, immenso et infigurabili, seu De Universo et Mundis* [*Des innombrables, de l'immensité et de l'infigurabilité, soit De l'univers et des mondes*] de 1591, fréquemment abrégé en *De Immenso*, où le Nolain, discute les idées de Palingenius[1] pour lequel existait au-delà de la sphère des fixes une région infinie, mais de nature différente du cosmos classique. Là-contre,

---

1. Palingenius (1500-1543) publia en 1534 (puis 1536 et 1537) un poème latin célèbre, le *Zodiacus Vitae*, raillant l'astronomie ptoléméenne, et proposant avec hardiesse une ouverture de l'univers à l'infini, tout en faisant cohabiter une sorte de matière finie et de lumière immatérielle infinie.

Bruno élabore une définition de l'espace pris pour lui-même, distingué de l'univers, et posé comme contenant de ce dernier.

Détruire le « lieu » : naissance philosophique d'un espace infini

Le dialogue de 1584 vise à pulvériser l'idée d'un *cosmos* fini et, plus précisément, à montrer l'incohérence de la sphère des fixes comme limite du *cosmos* tout en s'appuyant sur l'idée de lieu retournée contre elle-même. Qu'est-ce à dire ? Tout simplement que, en se demandant quel est le lieu de l'univers, Bruno va faire d'une pierre deux coups, à savoir mettre en évidence l'absurdité du concept aristotélicien de lieu et en même temps montrer la nécessité que l'univers ne soit pas clos, conquérant du même geste la nécessité d'un « lieu » infini contenant ledit univers.

Pour ce faire, Bruno va étudier de près et de manière logique ce que pourrait être le « lieu » du *cosmos* pris en son sens aristotélicien ; cela revient à interroger le statut du premier ciel couramment appelé « sphère des fixes » : le premier ciel peut-il servir de « lieu » général du *cosmos* ? Afin de répondre à cette question, Bruno va rappeler qu'Aristote n'a pas défini le lieu comme étant un corps mais comme étant une « surface de corps contenant »[1]. Admettons donc qu'il y ait le premier ciel en tant que corps contenant et sa surface convexe : la surface en question pourrait-elle être le lieu de ce premier ciel ? Elle ne pourrait l'être que si elle en différait ; mais en en différant, elle serait vide car au-delà de ce premier ciel il n'y a rien selon

---

1. G. Bruno, *De l'infini, de l'Univers et des mondes*, I, dans *œuvres complètes*, tome IV, trad. fr. J.-P. Cavaillé, Paris, Les Belles Lettres, 2006, p. 64.

la logique même de la cosmologie aristotélicienne. La surface ne peut donc être lieu que si elle est identique au premier ciel ; mais dans ce cas, elle est lieu du deuxième ciel, dans la mesure où c'est en tant que surface concave qu'elle enveloppe la surface convexe du deuxième ciel. Bruno montre donc que, pour le lieu du *cosmos*, la conception même d'Aristote conduit soit à l'absurdité d'un lieu vide, soit à un lieu qui exclut la sphère des fixes, et ne peut être lieu que du deuxième ciel. Cette contradiction invite à comprendre que c'est la limitation même du *cosmos* qui est absurde et qui doit être abandonnée, ce qui revient à détruire l'idée d'une sphère des fixes.

Le deuxième temps du raisonnement peut ainsi se déployer. Admettons par l'absurde que le *cosmos* soit clos et qu'il y ait une sorte de « barrière » constituée par la sphère des fixes : cela signifierait qu'il n'y aurait rien au-delà de la sphère des fixes. Et Bruno d'ajouter :

> Si l'on répond qu'il n'y a rien [*è nulla*], cela, moi, je l'appellerai vide [*vacuo*] et *inane* ; et un vide tel, un *inane* tel, qu'il n'est ni limité ni terminé au-delà, tout en étant terminé en deçà : voilà qui est plus difficile à imaginer que de penser l'univers infini et immense, car nous ne pouvons éviter le vide, si nous voulons poser l'univers fini[1].

Une fois encore, et non sans malice, Bruno retourne Aristote contre lui-même dans la mesure où, partant de l'hypothèse aristotélicienne d'un monde clos, il montre que la clôture impose de penser une forme de néant au-delà du monde et donc d'un « vide » pourtant incompatible avec la cosmologie aristotélicienne.

1. G. Bruno, *De l'infini, de l'Univers et des mondes*, I, p. 66.

On comprend donc la progression du Nolain. Il s'agit en un premier temps de montrer que le *cosmos* aristotélicien n'est littéralement nulle part puisqu'il est dénué de lieu ; or, de toute évidence, le *cosmos* doit bien être localisable et l'absurdité de la cosmologie aristotélicienne se trouve identifiée en un second temps à sa clôture, elle-même contradictoire puisque devant conduire à une pensée du vide par ailleurs refusée. Supposons donc qu'il y ait le *cosmos* et le vide, vide s'étendant infiniment : seul un espace infini pourrait accueillir cela :

> Dans cet espace infini [*spacio infinito*] se trouve cet univers [*questo universo*] [...] : je me demande si cet espace qui contient le monde a une plus grande aptitude à contenir un monde qu'un autre espace qui serait au-delà. [...]. Donc, pour ce qui est de l'espace infini [*spacio infinito*], nous savons avec certitude qu'il est capacité à recevoir des corps [*attitudine alla recepzione*], et nous ne pouvons connaître autrement [*non sappiamo altrimente*]. Toutefois, il me suffira de savoir qu'il ne la [l'expérience] contredit pas, pour cette raison au moins que là où il n'y a rien, rien ne fait obstacle. Il reste maintenant à voir s'il convient que tout l'espace soit plein ou non. Et là, si nous considérons tant ce que peut être cet espace que ce qu'il peut faire, nous trouverons toujours non seulement raisonnable, mais encore nécessaire qu'il soit[1].

Reprenant le raisonnement épicurien pour lequel le vide est ce qui ne fait pas obstacle, Bruno accomplit un pas fondamental en faveur d'un espace infini et réceptacle *dans* lequel pourrait se trouver l'univers. Mais il reste encore une question lancinante, à savoir celle du vide : l'espace infini contient-il le *cosmos* et le vide ou est-il

---

1. *Ibid.*, p. 70.

parfaitement plein ? En vertu du « principe de plénitude » qui permet d'établir une sorte de passerelle entre qualité et quantité, le Nolain va justifier la nécessité que l'espace infini soit infiniment rempli. En effet, plus la quantité est grande, plus elle exprime une puissance qualitative dont la quantité n'est jamais que le signe ; par conséquent, la qualité du Créateur dans sa toute-puissance même sera mieux exprimée par un Univers infini infiniment peuplé, que par un Univers corporel fini. Il en découle que l'espace infini contient une infinité de mondes et que cette infinité quantitative, par le principe de plénitude, exprime au mieux l'infinité qualitative de Dieu, ce que redira d'ailleurs Bruno à ses juges[1] :

> Ce n'est pas pour la dignité de la dimension ou de la masse corporelle que je réclame l'espace infini [*spacio infinito*], et que la nature a un espace infini, mais pour la dignité des natures et espèces corporelles ; parce que l'excellence infinie se présente incomparablement mieux en des individus innombrables qu'en des individus dénombrables et finis. [...]. Aussi, en raison des innombrables degrés de perfection qui doivent expliquer l'excellence divine incorporelle sous le mode corporel, doit-il y avoir d'innombrables individus, qui sont ces grands vivants [...] : pour contenir ces innombrables individus, il faut [*si richiede*] un espace infini [*spacio infinito*]. Et il est donc bien [*è bene*] qu'existent (comme ils peuvent exister) d'innombrables mondes semblables

1. « Je tiens qu'il y a un univers infini comme effet de la puissance divine infinie, parce que je considérais comme une chose indigne de la bonté et de la puissance divine que pouvant produire en plus de ce monde un autre monde et d'autres mondes infinis, elle eût produit un monde fini. », Déposition du 2 juin 1592, cité par M.-P. Lerner, *Le monde des sphères*, tome II, *La fin du cosmos classique*, Paris, Les Belles Lettres, 1997, p. 164.

à celui-ci : comme il a pu être, peut être et comme il est bien qu'existe celui-ci[1].

Au total, Bruno conquiert dès 1584 une approche de l'espace en tant que réceptacle, ouvert à l'infini et capable de contenir l'univers lui-même infini, constitué d'une pluralité de mondes dont les principes sont homogènes[2].

L'espace antérieur aux corps : la percée de 1591

Pourtant, ce n'est pas encore là l'expression définitive de sa pensée dans la mesure où le *De Immenso* de 1591, plutôt en discussion avec Palingenius, affinera certains détails et parviendra à une définition encore plus précise de l'espace que nous pouvons ici mentionner :

> L'espace [*spacium*] est donc une quantité [*quantitas*] physique continue, se déployant selon trois dimensions [*triplici dimensione*], dans laquelle se trouve contenue la grandeur des corps, existant par nature avant tous les corps [*natura ante omnia corpora*], et subsistant [*consistens*] en deçà de tous les corps, mais les recevant / accueillant [*recipiens*] indifféremment [...][3].

---

1. *Ibid.*, p. 76.

2. Il ne nous appartient pas de statuer quant à la primauté d'une telle conception ; dans un ouvrage qui fit date consacré à l'espace, Max Jammer (1915-2010) avait fait d'Hasdaï Crescas (1340-1411) le premier défenseur d'un espace infini, immobile, et compatible avec le vide, bien avant Nicolas de Cues et surtout Giordano Bruno. Les arguments déployés par l'auteur sont convaincants mais il est difficile de déterminer quelle fut l'influence réelle de Crescas sur les conceptions européennes de l'espace. *Cf.* M. Jammer, *Concepts d'espace. Une histoire des théories de l'espace en physique*, trad. fr. L. Mayet, I. Smadja, Paris, Vrin, 2008, en particulier p. 90-96.

3. *Cf.* G. Bruno, *De Immenso*, I, chap. 8, *Op. Lat.*, I, 1, p. 231.

À en rester à ce texte, il semblerait au fond que Bruno, bien avant Newton, ait posé une pensée autonome de l'espace, défendant à la fois son indépendance à l'endroit des corps et en même temps sa capacité réceptrice à l'endroit de ces derniers. Autrement dit, la définition canonique de l'espace que donne le *De Immenso* semble démentir l'idée selon laquelle Newton eût été le premier à pleinement penser l'espace *pour lui-même* et indépendamment des corps. Or, à mieux y regarder les choses s'avèrent plus complexes que cela dans la mesure où l'ouvrage de 1591 ambitionne de répondre à Palingenius qui, tout en ayant ouvert une région infinie au-delà de la sphère des fixes déjà définie, maintenait une *hétérogénéité* entre le *cosmos* situé en deçà de cette limite, et cette région infinie d'un tout autre ordre. Là-contre, le Nolain souhaite fonder l'homogénéité de l'univers jusques et y compris dans sa composition matérielle, si bien que le but de Bruno consiste moins à penser l'espace pour lui-même qu'à déterminer une condition d'homogénéité de l'univers, une fois celui-ci étendu à l'infini.

Cela conduit à comprendre que l'enjeu est celui d'un principe stable capable de donner une sorte de structure non mobile à un univers homogène quoique mouvant. À cet égard, se comprend la seconde exigence de Bruno, à savoir celle d'une localisation des corps : celle-ci n'a de sens que par rapport à un arrière-plan fixe, ce qui revient à dire que l'espace tel que le pense le *De Immenso* se trouve subordonné à la nécessité de pouvoir rendre compte du lieu des choses, lequel requiert un cadre déterminé, infini, et immobile. C'est pourquoi l'espace se trouve qualifié de « nécessaire en premier lieu », dans la mesure où « il convient qu'il préexiste [*praesse*] aux corps devant être localisés [*locandis*] […]. »[1]. Mais de quel ordre la nécessité d'une telle antériorité relève-t-elle ? Est-elle purement logique ou chronologique ? Autrement dit, devons-nous penser que l'espace est apparu chronologiquement avant l'univers, de telle sorte qu'un réceptacle fût créé indépendamment des corps infinis, ou devons-nous penser qu'il s'agit là d'une nécessité logique voulant que la localisation d'un univers infini nécessitât un espace infini et fixe à la fois ?

Loin d'être créé à un moment donné, l'Univers du Nolain est éternel ; de ce fait, les relations d'antériorité semblent relever de relations logiques et ontologiques, mais certainement pas chronologiques. Dans cette perspective, Bruno tire une nécessité logique d'un besoin : puisque tout corps doit être localisable, puisque les corps sont par ailleurs en nombre infini, et que les corps doivent être localisables *dans* un même référentiel, alors il est logiquement nécessaire qu'un même espace, infini et immobile, constitue ce référentiel sans lequel la localisation de corps en nombre infini deviendrait impensable. Pour le dire autrement, il est nécessaire que, si chaque corps est bien quelque part, ce « quelque part » soit une partie de l'espace infini unique préexistant logiquement aux corps qu'il accueille.

Conclusion : l'espace comme lieu universel

Par la seule force du raisonnement et de l'intellect, Bruno a détruit une grande partie de l'approche aristotélicienne du lieu et de la cosmologie, en a montré les contradictions et les incohérences, et tout en reprenant une image ancienne montrant au fond que toute limite de l'univers revient à

---

1. G. Bruno, *De Immenso*, I, chap. 8, *Op. Lat.*, I, 1, p. 231.

introduire une séparation entre deux régions *dans* l'espace, il la conjugue à la nécessité que cet univers infini ait un lieu qu'il identifie à un espace lui-même infini, réceptacle de toutes choses et antérieur à celles-ci. Mais, ce faisant, Bruno ne reprend-il pas la pensée des atomistes dont il est très proche ? Il a souvent été remarqué qu'il disait lui-même appeler « espace » ce que d'autres appelaient « le vide »[1], hypostasiant donc ce dernier en contenant infini universel. Mais, à bien comprendre la démarche du Nolain, il appert que le coup de génie opéré par celui-ci consiste au fond à faire exploser la notion d'intervalle. En effet, un intervalle n'a de sens qu'à la condition d'être intervalle *entre* deux entités : mais si l'intervalle devient infini, il ne peut plus être borné par les entités dont il serait l'intervalle. De ce fait, le fameux *spatium* latin dont on a montré à quel point il pouvait signifier « intervalle » se trouve réinvesti de sorte que son implosion sémantique devienne inéluctable : rendu infini, il ne peut plus être intervalle et ne peut plus être qu'espace. Autrement dit le sens même d'intervalle trépasse lorsque l'infini le travaille de l'intérieur, et donne jour à celui d'espace comme quantité infinie et homogène, apte à recevoir l'infinité des corps. C'est cela que comprend Bruno et que n'avaient pas compris les atomistes qui conjuguaient maladroitement intervalle et infinité sans analyser la compatibilité des deux ou, plus exactement, la possibilité qu'un intervalle infini restât un intervalle.

Certes, un tel raisonnement revient à dire que l'espace n'est rien d'autre que le lieu universel – le lieu de l'univers – qui n'est lui-même rien d'autre que le vide infini apte à

---

1. Par exemple dans le Cinquième Dialogue du *De l'Infini* : « il n'y a qu'un lieu général [*uno è il loco generale*], un espace immense [*uno il spacio inmenso*] que nous pouvons librement appeler vide [*vacuo*] […]. », *op. cit.*, p. 334.

être infiniment rempli, équivalence qu'assume pleinement Bruno :

> Ce lieu enfin n'est autre que l'espace [*spacio*], qui lui-même n'est autre que le vide ; si nous voulons l'entendre comme une chose persistante, disons qu'il est le champ éthéré qui contient les mondes ; si nous voulons l'entendre comme une chose consistante, disons qu'il est l'espace où se trouvent le champ éthéré et les mondes, qu'on ne peut concevoir ailleurs[1].

Ainsi apparaît le paradoxe ultime de Bruno, à savoir que son anti-aristotélisme ne le pousse jamais à rompre avec l'idée que la question de la localisation est première. Il ne cesse d'y revenir, et de rappeler « qu'on ne peut concevoir aucun être qui ne soit en un lieu fini ou infini »[2], ratifiant donc à son corps défendant la démarche aristotélicienne partant des corps et de leur localisation. Ainsi, toute l'argumentation aussi bien en 1584 qu'en 1591 consiste à partir du fait que *ce sont donc bien les choses qui, devant être localisées, déterminent la nécessité d'un espace infini*, Bruno ne parvenant pas à un espace absolu en dépit des apparences.

Mais justement, que serait au juste un espace absolu, véritablement pensé pour lui-même, posé comme tel, et n'étant pas défini par les corps qu'il contient ? Ce serait assurément, au regard de ce qui précède, *un espace qui ne servirait pas à localiser l'univers* et qui ne serait aucunement pensé depuis le problème du lieu.

---

1. *Ibid.*, p. 360.
2. *Ibid.*

L'ESPACE AFFRANCHI DU LIEU :
L'ESPACE ABSOLU NEWTONIEN

À bien des égards, Newton pourrait apparaître comme celui qui est allé le plus loin dans la détermination d'un espace conçu comme objet d'étude spécifique, indépendamment de tout corps et indépendamment de toute relation, y compris de celle de lieu qui, quoi qu'on en dise, maintient une dépendance de l'espace à l'endroit de l'univers en tant que l'espace comme lieu de celui-ci doit être calibré aux dimensions si l'on peut dire de l'univers. En somme, si l'espace est le lieu de l'univers, alors c'est parce que l'univers est infini que l'espace, pour l'accueillir, doit l'être à son tour.

Là-contre se déploient tous les efforts de Newton en vue de penser l'espace – et le temps – pour lui-même, indépendamment donc de toute relation, qu'il s'agisse d'une relation aux corps, à la mesure, ou à la perception humaine. Ce faisant, Newton ne fait pas de l'espace le lieu de l'univers, ce sans quoi ce dernier déterminerait l'espace et en interdirait toute détermination absolue.

Espace relatif et espace absolu : de la mesure à la condition universelle de la mesure

Ainsi, dans les *Principes mathématiques de la philosophie naturelle* (que nous abrégerons en *Principia*) de 1684, dont la troisième édition de 1726 constitue la version de référence, l'illustre physicien propose une sorte de distinction entre deux types d'espace, l'espace relatif et l'espace absolu, distinction qui apparaît dès le scholie de la 8ᵉ définition ouvrant les *Principia* dont nous donnons un large extrait :

Quant à ceux de *temps, d'espace, de lieu et de mouvement*, ils sont connus de tout le monde ; mais il faut remarquer que pour n'avoir considéré ces quantités que par leurs relations à des choses sensibles, on est tombé dans plusieurs erreurs.

Pour les éviter, il faut distinguer le temps, l'espace, le lieu et le mouvement, en *absolus* et *relatifs*, *vrais* et *apparents, mathématiques* et *vulgaires*.

I. Le temps absolu, vrai et mathématique, sans relation à rien d'extérieur, coule uniformément et s'appelle *durée*. Le temps relatif, apparent et vulgaire, est cette mesure sensible et externe d'une partie de durée quelconque (égale ou inégale) prise du mouvement : telles sont les mesures d'*heures*, de *jours*, de *mois*, etc. dont on se sert ordinairement à la place du temps vrai.

II. L'espace absolu, sans relation aux choses externes, demeure toujours similaire et immobile.

L'espace relatif est cette mesure ou dimension mobile de l'espace absolu, laquelle tombe sous nos sens par sa relation aux corps, et que le vulgaire confond avec l'espace immobile. C'est ainsi, par exemple, qu'un espace, pris au-dedans de la Terre ou dans le ciel, est déterminé par la situation qu'il a à l'égard de la Terre[1].

Célébrissime, ce passage permet de poser dès le départ ce par quoi le mouvement, objet principal de la physique, peut avoir un sens. Ainsi se comprend dès le livre I et même dès les définitions inaugurales que « *l'espace absolu comme distinct des corps ou le temps absolu comme distinct des mesures relatives qu'en peuvent prendre les mathématiciens, sont les conditions de détermination*

---

1. Newton, *Principes mathématiques de philosophie naturelle* [désormais *Principia*], déf. 8, scholie, trad. fr. Mme du Châtelet, Sceaux, Gabay, 1990, p. 7-8.

mathématique du mouvement. »[1]. Cela ne va pas sans paradoxes car la dissociation entre un espace absolu et un espace relatif fait pencher l'espace des mathématiciens du côté de l'espace relatif en tant que celui-ci peut faire l'objet de mesures mathématiques effectives ; or, le propos de Newton tend à appeler espace mathématique l'espace absolu, indépendant de toute mesure et affranchi de toute réduction quantitative. Comment rendre compte de cette tension inattendue ? Cela tient en grande partie au fait que l'espace absolu vérifie les propriétés de la géométrie telles que décrites par Euclide dans *Les Éléments* et que Newton pose donc dès le départ une structure tridimensionnelle au sein de laquelle sont satisfaites les relations géométriques identifiées par Euclide, structure conditionnant la possibilité même des mesures.

De ce point de vue, il convient de mesurer l'audace de l'adjectif « absolu » : rappelons que, par son étymologie, absolu provient de *ab-solutus* signifiant ce qui est « délié », ou encore « séparé », ce qui revient à dire qu'est absolu ce qui n'est relié à rien, l'absoluité privilégiant donc la négation de tout lien. Or, de quels liens l'espace est-il ici affranchi en vertu de sa structure géométrique ? D'abord et avant tout du lien à la matière et aux corps : l'espace n'est pas déterminé par celle-ci et se trouve libéré de toute relation aux corps. La visée anticartésienne d'une telle audace est manifeste[2], puisque chez Descartes en général

1. M.-F. Biarnais, « "Les *Principia Mathematica*" : défi aux "*Principes*" cartésiens ou réalité ? », *Revue philosophique de Louvain* 72/1988, p. 451. C'est l'auteur qui souligne.
2. L. Peterschmitt a raison de dire au sujet de l'espace newtonien qu'il est « une machine de guerre anticartésienne. », *cf.* L. Peterschmitt, « L'espace absolu chez Newton et les newtoniens : un lieu entre physique et métaphysique », dans T. Paquot, C. Younès (éd.), *Espace et lieu dans la pensée occidentale*, Paris, La Découverte, 2012, p. 99.

et dans les *Principes* en particulier, l'espace n'est rien d'autre que la matière en tant qu'étendue. Mais un deuxième élément se trouve nié par l'absoluité de l'espace, à savoir la relation de celui-ci à l'observation humaine. Absolu, l'espace ne saurait en aucun cas dépendre de quelque point de vue particulier, et s'impose comme le cadre universel géométrique grâce auquel devient possible l'effectivité de la mesure objective.

On comprend ainsi le deuxième moment du scholie proposant une sorte d'emboîtement mathématique entre deux ordres différents de l'espace : en tant que structure géométrique, invariable et immobile, l'espace absolu constitue la condition *sine qua non* des mesures effectives par lesquelles se donne l'espace relatif. Autrement dit, seule une nature géométrique et abstraite de l'espace rend compréhensible la mesure effective de l'espace, nécessairement rendu relatif à cette dernière. Ce sont par conséquent deux perspectives et non une seule qui constituent le cœur de la réflexion de Newton : d'un côté, les mesures effectives de l'espace relatif n'ont de sens que si l'espace en sa nature fondamentale est *mesurable*, Newton déterminant la condition logique pour que la notion même de mesure ait un sens au sujet de l'espace ; une mesure ne peut être effective qu'à l'endroit d'une entité mesurable, ce qui revient à dire que l'espace relatif requiert comme condition de sa mesurabilité un espace absolu, géométriquement structuré, c'est-à-dire mesurable en droit. Mais s'ajoute d'un autre côté une seconde perspective, très proche de celle de Giordano Bruno, voulant que la mobilité des choses ne puisse être comprise que depuis un cadre immobile et universel.

Ainsi donc trouve-t-on dans les *Principia* une approche de l'espace permettant de faire de celui-ci un objet spécifique, pensable indépendamment de la matière, restitué dans sa nécessité et capable d'accueillir les corps matériels sans que ceux-ci ne soient déterminants pour la nature de l'espace, interdisant à ce dernier d'être le lieu de l'univers. Ce faisant, c'est aussi l'aristotélisme qui se trouve balayé puisque l'unicité d'un espace capable d'accueillir toutes sortes de corps neutralise l'hétérogénéité qualitative du *cosmos* aristotélicien, rendant incommensurables les mondes sublunaire et supralunaire, ce que Giordano Bruno avait toutefois déjà accompli.

Mais à peine cette percée a-t-elle été établie que surgit une difficulté concernant la portée de l'espace absolu : que sa nécessité logique soit établie au regard de l'espace relatif est une chose, que son existence soit certaine en est une autre. Comment en effet parvenir à établir l'existence d'un tel espace alors même que toute démonstration risque de ne parvenir qu'à quelque chose de *relatif* à une expérimentation ? Comment au fond démontrer une existence absolue sans que la démonstration ne soit relative à une expérimentation qui en réduirait la portée ?

Démonstration de l'existence de l'espace absolu :
l'expérience du seau d'eau en rotation

Il nous faut ici affronter l'une des preuves que Newton a pensé donner de l'existence d'un tel espace. Fondée sur une expérience de pensée dans des conditions idéales, décrite dans le scholie de la quatrième définition, elle s'appuie sur la détermination du mouvement d'un vase ou d'un seau d'eau suspendu à une corde dans lequel l'eau est elle-même en mouvement, subissant une accélération en vertu du mouvement imprimé à la corde ayant pour effet de creuser l'eau et d'en rendre la surface concave (parabolique). Initialement plane, la surface se creuse à mesure que la corde imprime un balancement au seau, si bien que semblent s'exercer par frottement des forces centrifuges par lesquelles l'eau chercherait à s'« échapper » du seau. Tout le problème consiste alors à déterminer par rapport à quoi l'accélération de l'eau, *donc le changement d'état*, doit être pensée.

Le fait est que, lorsque commence l'expérience, la surface de l'eau ne se déforme pas, alors même que la différence de vitesse entre le vase (ou le seau) et l'eau est importante. En somme, lorsque la vitesse relative est importante, la visibilité de l'accélération est nulle. En revanche, lorsque l'eau finit par adopter une vitesse identique à celle du vase, et que sa vitesse relative est donc nulle, la concavité (la déformation de la surface) est maximale. Cela revient à dire que la déformation de la surface, signe de l'accélération de l'eau, ne se manifeste jamais autant que lorsque la vitesse de l'eau, relativement au seau, est nulle, lorsque l'eau est au repos relatif[1]. Il en découle que

---

1. Voici le texte de Newton dans le scholie de la définition 4 : « L'ascension de l'eau vers les bords du vase marque l'effort qu'elle fait pour s'éloigner du centre de son mouvement, et on peut connaître et mesurer par cet effort le mouvement circulaire vrai et absolu de cette eau, lequel est entièrement contraire à son mouvement relatif ; car dans le commencement où le mouvement relatif de l'eau dans le vase était le plus grand, ce mouvement n'excitait en elle aucun effort pour s'éloigner de l'axe de son mouvement : l'eau ne s'élevait point vers les bords du vase, mais elle demeurait plane, et par conséquent elle n'avait pas encore de mouvement circulaire vrai et absolu : lorsque ensuite le mouvement relatif de l'eau vint à diminuer, l'ascension de l'eau vers les bords du vase marquait l'effort qu'elle faisait pour s'éloigner de l'axe de son

le seau ne peut servir de référentiel pour déterminer l'accélération de la surface de l'eau puisque *par rapport à ce référentiel*, l'accélération de l'eau est nulle.

Avant d'en tirer la conclusion, il convient de mesurer à quel point une telle expérience de pensée est tout entière tournée contre Descartes et en particulier contre les articles 24 et 25 du deuxième livre des *Principes de la philosophie*. Si, comme le prétend Descartes, tout mouvement est relatif et dépend d'un référentiel toujours particulier, alors l'expérience du seau conduirait à une absurdité manifeste, à savoir que l'eau, par rapport au seau, serait au repos, et que ce repos produirait l'accélération que l'on est forcé de constater à partir de la déformation de la surface. Autrement dit, la dimension polémique de l'expérience du seau vise à révéler la contradiction qui se trouverait chez Descartes et qui forcerait à penser que le repos produirait une accélération pour rendre compte de ce qui s'observe à la surface de l'eau. Pour le dire simplement, les analyses cartésiennes appliquées à l'exemple du seau d'eau contraindraient à admettre une absurdité, celle voulant que le repos soit à l'origine du changement (l'accélération).

Venons-en à présent à la conclusion qu'en tire Newton. La seule possibilité permettant d'interpréter le référentiel par rapport auquel est pensable l'accélération de l'eau est celle posant un référentiel absolu, une sorte de *référentiel des référentiels, un référentiel universel et unique des référentiels*, et qui serait l'espace absolu : c'est par rapport

mouvement ; et cet effort, qui allait toujours en augmentant, indiquait l'augmentation de son mouvement circulaire vrai. Enfin ce mouvement vrai fut le plus grand, lorsque l'eau fut dans un repos relatif dans le vase. L'effort que faisait l'eau pour s'éloigner de l'axe de son mouvement, ne dépendait donc point de sa translation du voisinage des corps ambiants, et par conséquent le mouvement circulaire vrai ne peut se déterminer par de telles translations. », *Principia, op. cit.*, p. 13.

à ce dernier que l'accélération de l'eau aurait un sens et c'est ainsi que se trouve établie l'existence d'un espace absolu par un raisonnement hypothético-déductif dans lequel les hypothèses quant à la nature même de l'espace absolu se trouvent validées par les effets qu'elles permettent d'expliquer.

Rapide aperçu de l'histoire du concept d'inertie

La démarche argumentative de Newton est-elle pour autant convaincante ? Pour en sonder la pleine puissance, il nous faut creuser le nerf de la preuve. Celui-ci repose en très grande partie sur une réflexion née d'une double question ancestrale :

1) l'état normal d'un corps est-il le mouvement ou le repos ?

2) Existe-t-il une différence réelle entre le mouvement et le repos ?

Mais encore faut-il comprendre la rupture qu'introduit le XVIIᵉ siècle à l'endroit de l'entente antique et médiévale de l'inertie, sans laquelle le raisonnement newtonien pourrait sembler inintelligible. Aristote avait déterminé – pour des raisons que nous ne pouvons qu'effleurer – la nécessité que l'inertie désignât non pas une force mais la *tendance* d'un corps à rejoindre son lieu propre ou naturel, en l'occurrence le centre de la Terre pour les corps pesants. Par sa cause finale, donc, un corps pesant doit tomber – aller vers le bas – en vue de rejoindre le centre de la Terre, lieu qui détermine la finalité de son mouvement, et ce sans qu'aucune force extérieure ne l'y pousse. Cela détermine un cadre dans lequel aucune cause apparente ne peut être sollicitée pour rendre compte du mouvement, celui-ci étant pensé depuis les qualités internes des corps grâce auxquelles s'accomplit la finalité du mouvement. À cet égard, la situation normale d'un corps est le repos, au sens où tout corps pesant tend de manière téléologique à rejoindre le centre de la terre et à y trouver le repos ; ainsi, le repos est absolu lorsque le corps a atteint le centre, mais il n'est que relatif lorsqu'un autre corps l'en empêche.

Mais l'une des révolutions galiléennes va consister à renverser le raisonnement aristotélicien et à introduire l'idée que l'état normal d'un corps est la *perpétuation de son état : un corps en repos tend à rester en repos, et un corps en mouvement tend à y rester éternellement, à moins qu'un élément extérieur ne vienne perturber cette tendance.* Autrement dit, la grande révolution de l'inertie galiléenne consiste à penser cette dernière depuis le concept de persistance : un mouvement ou un repos n'a aucune raison de prendre fin, à moins qu'une cause extérieure ne précipite la fin du repos (choc) ou du mouvement (frottement). Mais dans le cas du mouvement se pose un problème inédit : comment expliquer qu'un mouvement se conserve ou, plus exactement, *devrait* se conserver éternellement selon une trajectoire rectiligne uniforme ? D'où vient la puissance de la conservation que suppose l'inertie prise en son sens galiléen ?

Galilée ne répond pas véritablement à cette question, tandis que Descartes, convoquant Dieu, n'y répond pas sur le plan de la physique *stricto sensu*[1]. Ce sont donc Newton et Leibniz qui s'emparent de cette question et qui vont suggérer que l'inertie doit être pensée comme une *force* par laquelle les corps ne persistent pas tant dans leur

---

1. L'article 37 du livre II des *Principes* tire en effet la première loi du mouvement, l'inertie, de la constance et de l'immutabilité divines : un être immuable crée des lois exprimant son immutabilité ; ainsi, en n'ayant aucune raison de changer d'état, les choses expriment la constance divine.

état qu'ils ne *résistent* au changement. Descartes évoque certes le fait qu'un corps au repos « a de la force pour demeurer en ce repos »[1], mais la force en question semble bien davantage relever de la possession que de l'être, ce qui est cohérent au regard de son approche puisque les corps ne sont pas définis par l'inertie mais par l'étendue ; de ce fait, l'inertie, ne pouvant être une force interne, ne doit être que quelque chose de possédé par le corps, ne le déterminant pas intrinsèquement, ce sans quoi la définition cartésienne des corps matériels à partir de l'étendue se révèlerait insuffisante. Ce sera d'ailleurs la critique de Leibniz à l'endroit de Descartes.

En revanche, chez Newton, non seulement l'inertie est une force relevant de l'être et non de l'avoir mais de surcroît c'est *la même force* qui explique qu'un corps conserve son mouvement s'il est en mouvement uniforme rectiligne, ou demeure au repos s'il est au repos. Cette force est donc une force de *résistance* et prend chez Newton le nom de *vis insita*[2] qui, comme son nom l'indique, est contenue dans les corps matériels et est donc littéralement *in situ*. Quant à Leibniz, en cela très proche de Newton, il tire parti de cette force interne aux corps pour montrer l'insuffisance d'une approche des corps matériels à partir de la seule étendue prise en son sens cartésien :

> Si l'essence du corps consistait dans l'étendue, cette étendue seule devrait suffire pour rendre raison de toutes les affections du corps : mais cela n'est point. Nous remarquons dans la matière une qualité, que quelques-uns

1. Descartes, *Principes de la Philosophie*, II, art. 43.
2. Voici la définition III des *Principia* : « *La force qui réside dans la matière (vis insita) est le pouvoir qu'elle a de résister. C'est par cette force que tout corps persévère de lui-même dans son état actuel de repos ou de mouvement uniforme en ligne droite.* », *op. cit.*, p. 2.

ont appelée l'*Inertie naturelle*, par laquelle le corps résiste en quelque façon au mouvement, en sorte qu'il faut employer quelque force pour l'y mettre [...] et qu'un grand corps est plus difficilement ébranlé qu'un grand corps[1].

En somme, la percée leibnizo-newtonienne consiste à poser que tout corps dispose d'une force de résistance à l'endroit du changement de son propre état, ce que l'étendue tridimensionnelle cartésienne ne peut expliquer montrant par là même son insuffisance pour donner l'essence des corps. Quant au changement, il ne peut de ce fait intervenir que depuis une force externe, nommée *vis impressa* par Newton dans la définition IV des *Principia*. L'inertie désigne alors la capacité d'un corps, en vertu de la force interne qu'est la *vis insita*, à résister au changement que provoque la *vis impressa* et à ne se manifester qu'à la faveur de la *vis impressa*. C'est ainsi que, si une voiture démarre en trombe (*vis impressa*), le corps du passager se trouve violemment projeté en arrière, mouvement que l'on peut interpréter si l'on est newtonien comme l'expression de cette *vis insita* qui, résistant à l'accélération, maintient le corps dans son état antérieur ; de la même manière, si une voiture freine brutalement et qu'un corps se trouve soudainement projeté en avant, cela signifie que le corps résiste à l'arrêt de l'automobile et poursuit son mouvement conformément à la trajectoire de la voiture.

Capitale est ici la prise en compte de la relativité de l'expression d'une telle force : bien que la *vis insita* soit interne aux corps, c'est par rapport à un référentiel, que

1. Leibniz, *Extrait d'une lettre sur la question si l'essence des corps consiste dans l'étendue* [1691], dans Leibniz, *Système nouveau de la nature et de la communication des substances, et autres textes*, Paris, GF-Flammarion, 1994, p. 35.

l'on qualifiera d'inertiel, que s'exerce la force en question. Dans le démarrage de la voiture, c'est par rapport à un repos relatif (le corps par rapport à la voiture) que s'exerce la force dont l'expression est relative ; dans l'arrêt brutal, c'est par rapport à la trajectoire en mouvement de la voiture que doit être pensée l'inertie.

De surcroît, plus un corps est massif – plus il détient de matière –, plus il détient une force d'inertie importante. Ainsi, une boule de bowling que l'on aurait lancée est plus difficile à arrêter qu'une balle de tennis que l'on aurait lancée avec une même force, ce qui revient à dire que les forces pour interrompre le mouvement de la boule de bowling devront être supérieures à celles requises pour interrompre le mouvement de la balle de tennis.

Enfin, la force dite « centrifuge » par laquelle les corps s'éloignent du centre, et dont nous aurons besoin pour nommer la « cause » de la déformation de la surface de l'eau dans le seau en rotation, ne saurait être pleinement distinguée de la force d'inertie ; en effet, une voiture qui prend un virage et qui semble obéir à une force centrifuge ne fait rien d'autre, dans une optique newtonienne, que poursuivre son ancienne trajectoire ; de ce fait, la force dite centrifuge résulte de la force d'inertie comme résistance directionnelle à la rotation entreprise et ne constitue pas une *autre* force que celle d'inertie.

Relecture de l'expérience du seau du point de vue inertiel

Nous pouvons à présent pleinement comprendre le raisonnement newtonien dans l'expérience du seau qu'il convient de requalifier selon le lexique de l'inertie. Lorsque le seau est en rotation, et que l'eau l'est également, la déformation de la surface traduit l'expression de forces centrifuges ; mais, ainsi que nous l'avons établi plus haut, les forces centrifuges sont un mode des forces d'inertie : de ce fait, l'accélération de l'eau que trahit sa déformation constitue un problème lié à l'inertie, au sens où le creusement de l'eau peut être pensé comme la tendance de l'eau à résister au changement, ce qui se manifeste par une tendance de l'eau à « fuir » le seau comme s'il s'agissait de conserver l'état antérieur.

Par ailleurs, cette déformation qui est incontestable et qui exprime donc des forces d'inertie, ne présente aucune cause extérieure observable ; autrement dit, rien de phénoménal ne semble pouvoir être le principe causal des forces par lesquelles advient la déformation observée. À cet égard, la grande question que soulève cette expérience peut être formulée avec davantage de rigueur que précédemment : quel est le principe causal permettant de rendre compte des forces qu'exprime la déformation de la surface de l'eau ?

À cette question, Newton apporte deux réponses et non une seule :

1) La force d'inertie est d'abord et avant tout une force interne de résistance située dans le corps, *in situ*, et qu'il nomme *vis insita*. Cette force se manifeste aussi bien par la persistance dans le repos que par la conservation du mouvement. C'est donc la *masse* du corps *en tant que masse inertielle* qui constitue la première réponse à la question posée, en tant que tout corps massif offre une résistance au changement de son état que suscite la *vis impressa*.

2) Mais cela ne suffit pas parce que, dans bien des cas, le changement – et donc la résistance au changement – est relatif à un référentiel donné. Il faut donc se demander si une manifestation absolue de cette force est pensable : elle

ne l'est que par l'introduction d'une seconde cause, qu'est l'espace absolu ; dans ce cas, les forces d'inertie sont les effets d'un mouvement de rotation par rapport à l'espace absolu, tout en étant du même coup la cause des déformations observées. En d'autres termes, un espace absolu, indépendant, doit être la *cause* des systèmes inertiels et c'est cela que vise à établir Newton, faisant plus de deux siècles après l'admiration d'Einstein qui, dans une préface pour l'un des plus remarquables ouvrages consacrés aux conceptions de l'espace, pouvait écrire :

> Le concept d'espace fut enrichi et gagna en complexité avec Galilée et Newton qui établirent que l'espace doit être posé comme cause indépendante du comportement inertiel des corps si l'on veut donner une signification exacte au principe d'inertie classique, et par suite à la loi du mouvement classique. Avoir pleinement et clairement pris la mesure de cette exigence est, à mon sens, l'un des plus grands mérites de Newton[1].

Que découvre par conséquent Newton si l'on formule les résultats de son expérience en termes de forces ? Il établit la nécessité d'une accélération absolue – donc d'un mouvement absolu – que même un observateur en rotation avec le seau – et donc en repos par rapport à ce dernier – percevrait. Il en découle aussitôt que Newton rompt avec l'équivalence galiléo-cartésienne du mouvement et du repos, puisque la découverte d'un mouvement absolu le rend incommensurable au repos, bien que la force à l'origine du mouvement et du repos soit la même. Pour le dire simplement, Newton montre par cette expérience que le

---

1. Einstein, *Concepts d'espace. Une histoire des théories de l'espace en physique, op. cit.*, p. 13.

mouvement ne peut systématiquement être reconduit au repos, et qu'une telle équivalence est fautive.

Valeur de la preuve newtonienne

Il ne serait pas irrespectueux de se demander si c'est bien l'existence de l'espace absolu qui se trouve ainsi démontrée. À en croire Newton, le fait est probant puisqu'un mouvement absolu semble requérir un espace absolu ; or, un tel glissement du mouvement absolu vers l'espace absolu est douteux car, en toute rigueur, ce que l'on peut dire est qu'un mouvement absolu doit être un mouvement *quel que soit* le référentiel envisagé[1] ; à cet égard, c'est l'universalité du repère qui est exigée et non son absoluité, si bien que l'on ne voit pas comment il est possible d'inférer l'absoluité de l'espace depuis l'absoluité du mouvement. Nous ratifions sur ce point l'analyse de Luc Peterschmitt pour lequel l'argument de Newton démontre « l'inanité d'une définition relative du mouvement »[2] et non l'absoluité de l'espace.

Cela invite en un second temps à se demander si Newton parvient véritablement à établir un mouvement absolu. Son propos, toujours autour du seau en rotation, incline en faveur d'une rotation par rapport à un cadre fixe, immobile, le fameux espace absolu depuis lequel est pensable un système inertiel. Mais on peut avec Ernst

1. Cela est assez clair dans la présentation que donne Newton de l'expérience du seau : « Les effets par lesquels on peut distinguer le mouvement absolu du mouvement relatif, sont les forces qu'ont les corps qui tournent pour s'éloigner de l'axe de leur mouvement ; car dans le mouvement circulaire purement relatif, ces forces sont nulles, et dans le mouvement circulaire vrai et absolu elles sont plus ou moins grandes, selon la quantité du mouvement. », *Principia, op. cit.*, p. 13.
2. L. Peterschmitt, « L'espace absolu chez Newton et les newtoniens... », art. cit., p. 101.

Mach (1838-1916) fortement douter d'un tel point d'arrivée en interrogeant la symétrie du raisonnement newtonien en vue de ne revenir qu'à des mouvements exclusivement relatifs dénués de temps, d'espace et de mouvements absolus. Pour ce faire, Mach procéda en deux étapes.

Supposons en premier lieu que l'univers ne soit constitué que d'un seul objet, à savoir le seau d'eau : comment pourrait-on dans ce cas déterminer si l'eau est bel et bien en mouvement ? Comprenons bien le sens de la question : si le mouvement pouvait être véritablement absolu, il ne dépendrait pas du nombre d'objets de l'univers, et l'unicité du seau, unique constituant de l'univers, ne devrait pas mettre en péril l'absoluité du mouvement de l'eau ni la constitution d'un système inertiel, ce sans quoi le mouvement deviendrait relatif aux objets du monde. Or, de toute évidence, l'unicité de l'objet semble mettre en péril la possibilité de constater l'absoluité du mouvement qui requiert un nombre minimal de référents – en l'occurrence au moins deux – pour être véritablement perçu.

Admettons donc en un deuxième temps que l'on se dote d'un ensemble d'objets servant de référentiel fixe, à savoir l'ensemble des étoiles fixes, et imaginons que ce soient elles qui tournent autour du seau : la surface de l'eau serait-elle déformée ? Le mouvement de l'eau dans le seau serait totalement relatif à la rotation des étoiles fixes[1] ; de ce fait, aucune déformation de la surface ne devrait

---

1. Notons au passage l'ironie de la réactivation par Newton d'un concept aristotélicien, celui de repos absolu : il y a des corps au repos absolu relativement à l'espace absolu situé dans une région lointaine, et il y a des accélérations absolues. Pour ce faire, Newton est obligé de réintroduire l'idée d'étoiles fixes – rappelant la sphère des fixes – incarnant de manière réelle la fixité même de l'espace absolu. C'est donc par rapport à des étoiles fixes hors de portée que se déterminent des mouvements absolus et le repos absolu.

apparaître, ce qui revient à dire que la rotation de l'eau dans le seau par rapport à l'espace absolu n'est pas équivalente à la rotation de l'espace – étoiles fixes – autour du seau d'eau, ce qui est absurde.

Par ce raisonnement à deux étages, Mach, refusant le concept même d'espace absolu, rejette du même geste l'idée d'un mouvement absolu, sans doute inspiré par son rejet de tout ce qui n'était pas directement observable ou conforme à ce qu'il appelait « les sensations »[1]. Pensant le mouvement de manière exclusivement relative comme une relation entre des masses, il émet l'hypothèse – appelée « principe de Mach » – voulant que l'inertie des objets, loin d'être conditionnée par un espace absolu, doive être induite par d'autres masses (lointaines) présentes dans l'univers, ramené à une série d'interactions observables.

Fondement théologico-métaphysique de la physique newtonienne

L'enjeu qu'avait identifié Mach, au-delà même de la question de la validité de son principe, était le bon, à savoir celui de la métaphysique à laquelle Newton avait succombé. Mais pourquoi l'illustre physicien avait-il dû hypostasier un espace et un mouvement – et un temps – au-delà de toute dimension phénoménale ? Pour quelle raison profonde une réflexion consacrée à l'espace, même d'un point de vue physique, conduit au-delà de la physique ? Il faut ici préciser que le problème central pour Newton n'est pas celui des corps mais celui du *mouvement* : et, plus

---

1. « La connaissance n'est pas considérée par Mach comme la déduction ou l'intuition d'une hypothétique réalité *au-delà des sensations*, mais comme la recherche d'une organisation efficace de la façon dont nous organisons ces sensations. », C. Rovelli, *Helgoland. Le sens de la mécanique quantique*, trad. fr. S. Lem, Paris, Flammarion, 2021, p. 147.

précisément encore, sa grande interrogation porte sur des mouvements dénués de cause apparente et que désigne l'inertie. Autrement dit, le problème de l'inertie, en tant que sa formulation moderne suppose de penser un mouvement dont il est impossible de rendre phénoménalement compte des causes, charrie une tentation métaphysique évidente qui est d'abord liée à la nature même de ce mouvement. Pour y répondre, Newton (comme Leibniz) semble forger un concept physique qu'est celui de « force » : mais encore faut-il prendre conscience du fait qu'une force ne relève pas de l'observable ou de la phénoménalité ; une force est une hypothèse au sujet de ce qui pourrait expliquer un mouvement apparent dont on considérerait qu'il est alors l'effet de la force supposée. Comme le rappelle Arthur Mach :

> La force comme telle n'est pas susceptible d'être mesurée ; seuls sont mesurables ses effets qui […] consistent en ce que le mouvement d'un corps est accéléré par l'action d'une force, l'accélération étant d'autant plus grande que la masse du corps est petite. Par conséquent, la seule définition pour le physicien est celle-ci : la force est le produit de la masse par l'accélération ; ce qu'on pourrait exprimer plus précisément de la façon suivante : pour déterminer la puissance d'une force donnée, on agira sur un corps d'une masse connue, le corps subira une accélération et celle-ci, multipliée par la masse, fournira la mesure de la force[1].

On comprend donc que l'idée même de force telle que la promeut Newton pour rendre compte de l'inertie pose problème : si quelque chose est bien mesuré, la notion de

---

1. A. March, *La physique moderne et ses théories*, trad. fr. S. Bricianer, Paris, Idées-Gallimard, 1965, p. 35.

force ne peut jamais être autre chose qu'une hypothèse scientifique dans le meilleur des cas, une notion métaphysique de manière plus probable puisqu'elle se situe au-delà de ce que l'expérimentation humaine peut établir. C'est d'ailleurs l'interprétation qu'en faisait Leibniz, situant une sorte de dimension métaphysique derrière les mesures des phénomènes :

> Tout cela fait connaître, qu'il y a dans la nature quelque autre chose que ce qui est purement géométrique, c'est-à-dire que l'étendue et son changement tout nu. Et à le bien considérer, on s'aperçoit qu'il y faut joindre quelque notion supérieure ou métaphysique, à savoir celle de la substance, action et force[1].

Donc en faisant de l'inertie une force, Newton quittait la pure expérimentation, introduisait une hypothèse non dénuée de problème, voire embrassait sans l'admettre une conceptualité métaphysique, la réintroduisant là-même où il proposait une explication pourtant féconde d'une difficulté inhérente au mouvement. Mais le problème se redouble dès lors que se trouve questionnée la cause de cette force d'inertie car tel est l'enjeu de l'expérience du seau conduisant à l'espace absolu ; de ce fait, une entité inobservable – la force – doit en plus recevoir une explication causale qui, par définition, ne peut pas être observable non plus. Ainsi, par une sorte d'engrenage métaphysique, Newton se trouve-t-il contraint d'expliquer de l'inobservable (la force) par de l'inobservable (l'espace absolu), multipliant les entités échappant à toute phénoménalité, directe ou indirecte.

Mais nous ne saurions en rester là. N'oublions pas que cette entité qu'est l'espace absolu n'est pas uniquement

---

1. Leibniz, *Extrait d'une lettre...*, *op. cit.*, p. 37.

fonctionnelle : elle reçoit une démonstration quant à son existence, dispose donc d'un poids ontologique, et constitue une réalité que, certes, nous ne percevons pas mais qui n'est pas pour autant imperceptible en droit. On peut donc supposer qu'un être parfait, se rapportant à toute réalité fondamentale, entretiendrait un certain rapport à cet espace dont il faut rappeler qu'il est, aux yeux de Newton, pleinement réel. Il n'est donc pas à exclure que Dieu lui-même perçoive un tel espace, et que la densité ontologique de l'espace absolu soit perçue par le regard divin. Nous pouvons donc dire que l'espace absolu doit être l'espace de Dieu, non pas au sens où Dieu s'y trouverait mais au sens où non seulement Dieu devrait s'y rapporter mais devrait de surcroît s'en *servir*. Une telle hypothèse, Newton la confirme et la théorise en 1706 dans un traité intitulé *Question de l'Optique*, et aborde dans la question 20 le point crucial de notre développement :

> Ne paraît-il pas, par les phénomènes, qu'il y a un être incorporel, vivant, intelligent, tout présent ? Qui dans l'espace infini comme si c'était dans son *sensorium* [*tanquam sensorium suo*], voit intimement les choses en elles-mêmes [*res ipsa*], les aperçoit, les comprend entièrement et à fond, parce qu'elles lui sont immédiatement présentes : desquelles choses il n'y a que les images seules qui étant portées par les organes des sens dans le lieu étroit de nos sensations puissent être aperçues par ce qui sent et pense en nous[1].

Un *sensorium* est toujours un organe de perception à travers lequel s'unifient ou se synthétisent différentes sensations, de sorte que leur diversité converge vers l'unité d'une perception dotée d'un sens net et précis. À cet égard,

---

1. Newton, *Optique*, Q. 20, trad. fr. P. Coste, Paris, 1720, p. 445.

parler d'un *sensorium dei*[1], c'est évoquer la possibilité que l'espace absolu devienne le prisme par lequel Dieu perçoit *intuitivement* et de manière unifiée toutes choses, mais aussi ce par quoi il les forme et leur assure une continuité ou une persistance dans l'être, comme si était par ce biais assurée une présence de Dieu au monde ou une forme d'universelle contiguïté faisant sentir ses effets[2]. Sans entrer dans les détails, nous pouvons néanmoins remarquer que cette métaphysique de l'espace que charriait l'espace absolu se conjugue avec une sorte de prisme spatial unifiant et universel par lequel Dieu se rapporte intuitivement au monde, et forme tout autant qu'il maintient et agence[3] ce dernier dans l'être, à telle enseigne que l'on pourrait aller jusqu'à se demander si l'espace absolu n'est pas le nom de cette partie de Dieu « étendue » par laquelle seule un monde est possible. Mais, si tel était le cas, l'espace ne serait alors plus absolu car il serait pleinement relatif à Dieu et ne serait que relativement au besoin divin de disposer d'une sorte de prisme perceptif universel et unifiant pour se rapporter au monde.

Il ne serait peut-être par ailleurs pas trop audacieux de référer le *sensorium dei* à la question de l'éther requis par la théorie newtonienne de la gravitation. Celle-ci introduit

---

1. Il existe très peu d'études sur ce thème compliqué. Nous disposons en français d'un ouvrage remarquable de J. Zafiropulo, *Sensorium Dei dans l'hermétisme et la science*, Paris, Les Belles Lettres, 1976.

2. Sur la très délicate question de l'espace absolu comme *sensorium dei*, nous renvoyons à l'article de P. Hamou, « *Sensorium Dei.* Espace et présence sensible de l'esprit chez Newton », *Revue philosophique de la France et de l'étranger* 1, tome 139, 2014, p. 47-72.

3. On comprend ainsi toute la portée de l'anecdote rapportée par Arago au sujet de la discussion entre Napoléon et Laplace ; celui-ci, présentant à l'Empereur sa mécanique céleste, aurait répondu à un Napoléon s'agaçant de l'absence de Dieu les mots suivants : « Sire, je n'avais pas besoin de cette hypothèse. »

l'idée inconfortable de forces s'exerçant à distance entre
des corps que sépare le vide; si, en effet, la masse des
corps et leur distance suffisent à déterminer les forces
d'attraction qui s'exercent entre eux, c'est donc que rien
de situé entre les corps n'interfère avec cette force et qu'un
certain vide est posé comme nécessaire. Mais comment,
dans ces conditions, penser la transmission de la force
entre des corps éloignés et sans contact si rien ne sert de
support à cette transmission ? La notion d'éther est requise
pour éviter la dimension « magique » d'une transmission
à distance de la force gravitationnelle, l'éther « remplissant »
donc l'espace et pénétrant les corps en vue de transmettre
par un support effectif les forces d'attraction et de répulsion.
Dans le scholie général du livre III, Newton évoque ainsi,
au sujet de l'éther, « cette espèce d'esprit très subtil qui
pénètre à travers tous les corps solides, et qui est caché
dans leur substance; c'est par la force, et l'action de cet
esprit que les particules des corps s'attirent mutuellement
aux plus petites distances, et qu'elles cohérent [*sic*]
lorsqu'elles sont contiguës; c'est par lui que les corps
électriques agissent à de plus grandes distances, tant pour
attirer que pour repousser les corpuscules voisins. ».

Une chose mérite d'être ici soulevée, à savoir que
l'éther est soustrait aux lois du mouvement, et qu'il *s'ajoute*
donc à celles-ci sans y être soumis. Pourtant, s'il peut
constituer le milieu par lequel se transmettent les forces,
il doit disposer d'une certaine matérialité, aussi insensible
soit-elle, ce sans quoi on ne comprendrait pas comment il
pourrait transporter des forces entre des corps matériels.
Mais pourquoi cette matérialité de l'éther ne serait-elle
pas soumise aux lois générales du mouvement et de la
gravitation ? C'est là que l'on peut émettre l'hypothèse
qu'existe un lien substantiel entre l'espace comme *sensorium
dei* et l'éther comme « esprit très subtil » : en effet, si Dieu

par l'espace absolu lui servant de *sensorium* perçoit et agence l'univers selon des lois, alors on peut penser que l'éther est la condition matérielle par laquelle Dieu « assure la transmission de l'attraction d'un corps à l'autre »[1] comme le remarque Françoise Balibar.

De ce fait, Newton se retrouve dans une situation complexe où l'explication du mouvement le mène à théoriser aussi bien un espace absolu de nature métaphysique que la présence d'un éther conjurant l'impossibilité que s'exercent des forces à distance et sans contact. La jonction entre les deux procède peut-être de ce que Françoise Balibar appelle une « conviction théologique »[2], dont la conséquence est que l'opérativité même de la gravitation se révèle impensable sans une sorte d'Opérateur se donnant les moyens d'interagir avec le monde : si le *sensorium* constitue dans cette optique le cadre par lequel peut être perçu mais aussi agencé le monde en son universalité, l'éther apparaît comme le milieu par lequel l'Opérateur suprême garantit la transmission effective des forces, et en particulier celles d'attraction. La démarche newtonienne échappe ainsi à la « magie » occulte de forces s'exerçant à distance, mais n'y parvient qu'au prix d'un fondement théologique qui véhicule bien des questions.

Qu'apporte Newton à Bruno ?

Nous disposons à présent de tous les éléments pour adopter un regard croisé au sujet de Newton et Bruno. Vues de loin, leurs deux approches ne diffèrent pas significativement, à condition de mettre de côté le rôle de

1. F. Balibar, article « Champ », dans D. Lecourt (éd.), *Dictionnaire d'histoire et philosophie des sciences*, « Quadrige », Paris, P.U.F, 2006, p. 193.
2. *Ibid.*

la mesure et de l'approche mathématique de l'expérience, omniprésente chez Newton, absente ou quasiment absente chez Bruno. Nonobstant cette divergence épistémologique, leurs pensées ont en commun de poser un espace infini, isotrope, servant de contenant et compatible avec le vide. Newton peut en effet admettre qu'il y a entre deux choses un espace vide, et retrouve également Bruno quant à la question de l'accueil : l'espace absolu reçoit les corps matériels, mais n'est en aucun cas défini par eux, si bien qu'il est un contenant indépendant de son contenu.

Sur tous ces plans, il faut le dire, Newton n'apporte pas d'éléments nouveaux au regard de ce que nous avons pu trouver chez Bruno et seule diffère entre eux la postérité : jugé hérétique, condamné au bûcher, Bruno avait un côté sulfureux qui rejaillit sur la postérité de ses thèses. Mais lorsqu'un siècle plus tard les mêmes idées furent proposées par Newton, dont la réputation[1] et la rigueur épistémologique étaient tout autres, elles s'imposèrent, réactivant au fond une approche que n'aurait pas reniée le Nolain. De ce fait,

---

1. Il n'est pas sans saveur de constater que, tout en menant des travaux alchimiques désormais établis, Newton avait à cœur de ne pas introduire dans sa physique d'éléments occultes, ce dont témoigne la lettre à Richard Bentley du 25 février 1693, maintes fois citée pour prouver l'aversion de Newton à l'endroit d'une attraction à distance sans contact qui reviendrait à placer la force de gravitation dans les corps, comme s'il s'agissait d'une de leurs qualités occultes. Là contre, Newton dissipe en effet toute ambiguïté : « Cette force de gravité serait innée, inhérente, et essentielle à la matière de telle sorte qu'un corps pourrait agir sur un autre à distance, à travers le vide et sans la médiation d'aucune autre chose, et à travers quoi leur action et force pourraient être transmises de l'un à l'autre : cela me semblerait une telle absurdité que je crois qu'aucun homme sachant raisonner et étant versé dans les questions philosophiques ne saurait jamais s'accorder avec cela. », notre traduction, lettre en ligne : https://www.newtonproject.ox.ac.uk/view/texts/normalized/THEM00258.

il faut prendre avec recul le constat de Carlo Rovelli pour lequel « l'"espace" contenant » de Newton peut nous sembler naturel, mais c'est une idée récente, qui s'est répandue en raison de la forte influence exercée par la pensée de Newton. Ce qui nous semble aujourd'hui intuitif, « c'est le résultat de l'élaboration scientifique et philosophique du passé. »[1]. Qu'il y ait une historicité de l'espace et de son approche comme « contenant » est évident, que Newton porte cette idée ne l'est pas moins, mais cette historicité doit être pensée au moins à partir de Bruno et de la seconde partie de la Renaissance.

Toutefois, à y regarder de plus près, la différence entre Bruno et Newton porte sur un point crucial qu'est l'objet de leur pensée. Plus philosophe que physicien, Bruno étudie le monde et l'univers, et se demande *où* ils se trouvent, quel est leur lieu. Plus physicien que philosophe, Newton recherche bien plutôt les lois du mouvement, et s'il détermine l'espace comme absolu ce n'est pas pour donner un « lieu » à l'univers mais pour résoudre un problème inhérent au mouvement. Mais il faut aller plus loin encore : au fond, Bruno admet l'équivalence entre l'espace, le lieu et le vide infini, puisque l'espace du Nolain n'est jamais que le *spatium* rendu infini dont il a tiré toutes les conséquences. À cet égard, chez Bruno l'espace est d'abord et avant tout fonctionnel : il sert à localiser l'univers, à lui conférer un lieu capable d'accueillir l'infini. Mais chez Newton, l'espace dispose d'une consistance ontologique propre, que vient ratifier son statut de *sensorium dei*. Pour le dire simplement, il est difficile de savoir si l'espace est autre chose qu'une nécessité fonctionnelle chez Bruno

---

1. C. Rovelli, *L'ordre du temps*, trad. fr. S. Lem, Paris, Champs-Flammarion, 2018, 2019, p. 88.

alors qu'il doit disposer d'une pleine consistance ontologique chez Newton à partir de laquelle se comprennent causalement les systèmes inertiels.

On comprend ainsi que la réflexion physique sur le mouvement impose à Newton d'aller bien au-delà du mouvement en posant des entités inattendues. Si l'espace n'est pas simplement le lieu de l'univers, s'il est ce par quoi se comprennent les systèmes inertiels mais aussi ce grâce à quoi Dieu interagit avec le monde, l'espace devient une pièce maîtresse d'un dispositif théologico-métaphysique dont la question gravitationnelle fait à la fois sentir la nécessité et l'embarras. En effet, la loi qui décrit les forces d'attraction suppose que la distance entre les corps soit vide, ce sans quoi il y aurait des masses qui devraient être prises en compte et qui modifieraient les forces d'attraction ; de ce fait, la logique de la loi de gravitation impose une perspective vacuiste ; mais cette logique rend incompréhensible ladite loi au regard de la représentation humaine : s'il n'y a véritablement *rien* entre les corps, comment s'accomplissent les forces ? Un milieu servant de canal ou de véhicule doit être introduit, ce qui soulève deux problèmes fondamentaux : 1) s'il y a de l'éther, alors il y a quelque chose de matériel qui n'obéit pourtant pas aux lois de la matière, ce sans quoi l'éther serait un perturbateur de la gravitation dont la masse devrait être prise en compte dans la détermination des forces gravitationnelles ce qui revient à poser une matière sans masse et 2) cet éther semble appeler à une sortie de la physique *stricto sensu* puisqu'il paraît se conjuguer avec le *sensorium dei* dont il est l'élément matériel grâce auquel l'opération divine s'accomplit pleinement.

De ce fait, l'espace absolu, pensable pour lui-même et indépendamment de tout corps, se révèle hautement problématique. Non seulement, la démonstration de son existence est contestable, mais en plus la nature même de ce dont il relève est ambiguë. On comprend pourquoi Newton pense en avoir besoin pour fonder causalement les systèmes inertiels, mais cela l'entraîne dans des considérations dont on se demande si elles relèvent encore de la physique et si elles ne marquent pas plutôt l'impossibilité de penser un espace absolu. Comme le remarque Carlo Rovelli, « l'espace amorphe, "absolu, vrai et mathématique", reste une brillante idée théorique introduite par Newton pour fonder sa physique, mais ce n'est pas une évidence expérimentale. »[1].

CONCLUSION : L'ESPACE PEUT-IL N'ÊTRE
L'ESPACE DE RIEN ?

Au terme de ce chapitre dont l'ambition était de restituer l'historicité de la formation du concept d'espace appréhendé comme contenant indépendant du contenu et pensable indépendamment des corps, se fait jour un paradoxe : celui qui a approché au mieux un tel concept d'espace qualifié selon son absoluité n'est certainement pas celui qui a consacré le plus grand nombre de lignes à cette question. Certes, Newton fait de l'espace un contenant, recevant les corps tout en étant indépendant de ces derniers ; certes, il lui accole l'épithète d'absolu, certes il détermine à la suite de Giordano Bruno et par un enjambement de Descartes, l'intuition moderne de l'espace, mais comme le rappelle Luc Peterschmitt, « Newton n'a laissé que peu de textes

---

1. C. Rovelli, *L'ordre du temps, op. cit.*, p. 89.

publiés sur l'espace. »[1]. Pis encore, dans les quelques lignes dont nous disposons, ce n'est pas tant à une approche pleinement physique de l'espace que nous sommes conviés mais à une forme de réflexion théologico-métaphysique engageant aussi bien l'action de Dieu dans le monde que la présence d'entités échappant à toute expérimentation :

> Il ne s'agit pas seulement, poursuit Luc Peterschmitt, d'établir "ce dans quoi" les phénomènes ont lieu, encore moins de se demander uniquement "où" ils ont lieu. Bien au contraire, c'est toute une métaphysique, et en particulier une théologie qui sont engagées par ces quelques pages de Newton[2].

Mais, ce faisant, il nous faut questionner la possibilité que la démarche de Newton prenne la valeur d'un symptôme : ne peut-on pas voir en effet dans ce concept d'espace absolu qui correspond si bien, sur le papier tout du moins, aux exigences formulées en introduction de cet ouvrage en vue de déterminer ce que serait un espace pensé pour lui-même, le symptôme de l'impossibilité de penser un tel espace ? Si Newton lui a consacré si peu de lignes et si, de surcroît, celles-ci furent l'occasion d'entremêler métaphysique, théologie et physique, n'était-ce pas parce qu'il était impossible de faire de l'espace un objet véritablement autonome et délié de toute relation à autre chose ?

Au-delà du caractère contestable de la démonstration de l'existence de l'espace absolu, apparaît une limite bien plus essentielle : on peut émettre l'hypothèse que l'espace newtonien, quoiqu'initialement vide et préexistant aux corps, ne soit pas véritablement absolu du fait de sa

1. L. Peterschmitt, « L'espace absolu chez Newton et les newtoniens … », art. cit., p. 97.
2. *Ibid.*

dépendance aux forces. Certes, ce sont les systèmes inertiels qui requièrent l'espace absolu pour être pleinement déterminés, ce qui revient à dire que l'espace absolu, tout en étant un contenant, ne saurait être passif : il agit en tant que cause sur les systèmes inertiels. Mais d'où provient la réalité physique de l'espace absolu ? L'ordre de la démonstration que suit Newton est significatif, en tant l'espace absolu se révèle dépendant des forces réelles. Parce qu'il part du mouvement, et qu'il interprète celui-ci à partir du concept de forces, Newton ne peut jamais pleinement isoler – et donc autonomiser – l'espace, le qualifiât-il d'absolu. Comme l'analyse Françoise Balibar : « Le concept de force newtonienne en tant qu'il est lié à une grandeur cinématique, l'accélération, ne peut être formulé que dans l'espace absolu. À l'inverse, l'espace absolu chez Newton tient sa réalité physique du fait qu'*il est lié aux forces réelles* ; ce qui n'est pas le cas pour l'espace relatif. »[1].

Nous pouvons ainsi mettre au jour quelque chose comme une ruse de la désubstantialisation des choses ; on peut bien abandonner l'idée de corps matériels déterminant leur propre lieu, ou encore considérer que tout corps vient remplir un espace qui, comme tel, n'a pas besoin d'eux. Mais ce qui a été évacué par la porte revient par la fenêtre : l'espace semble toujours devoir être pensé comme l'espace *de* quelque chose, et si ce ne sont pas les corps, ce peut être le mouvement et les forces qui le suscitent. De ce point de vue, on peut juger illusoire de chercher à penser l'absoluité de l'espace, dans la mesure où celui-ci appelle nécessairement un complément depuis lequel l'espace conquiert tout son sens.

1. F. Balibar, *Galilée, Newton lus par Einstein*, « Philosophies », Paris, P.U.F., 2007, p. 99. C'est nous qui soulignons.

Le prochain chapitre ambitionnera donc de montrer l'impossibilité de concevoir un espace pour lui-même, en indiquant les apories kantiennes héritées de Newton et en conduisant progressivement à la conception cartésienne de l'espace qui, tout entière pensée à partir des corps et du refus du vide, contourne un grand nombre de difficultés. Au fond, nous mènerons l'enquête sur un paradoxe fondamental de cette notion, à savoir que *ce n'est que lorsque l'on renonce à penser l'espace par et pour lui-même que celui-ci devient pensable sans contradictions.*

L'ESPACE MODERNE : DE L'ESPACE KANTIEN À L'ÉTENDUE CARTÉSIENNE

Rappelons l'ambition de ce chapitre : il s'agit pour nous de montrer l'impossibilité de concevoir un espace absolu, indépendant de toutes choses et, partant, d'analyser la manière dont la tentative post-newtonienne la plus grandiose d'affranchissement de l'espace à l'endroit des corps matériels, à savoir celle de Kant, ne parvient pas à faire de l'espace quelque chose de pensable à partir de lui-même. Il est vrai que, inscrit dans la subjectivité transcendantale, l'espace kantien ne prétend nullement à l'absoluité de celui promu par Newton. Il n'en demeure pas moins que l'espace kantien se veut analysable pour lui-même et, par son antériorité à l'endroit des corps, impose de penser ces derniers à partir de lui selon des relations dictées par l'espace et non par les corps.

Nous aimerions donc montrer l'impossibilité de conduire jusqu'au bout une telle approche, et ce en vue de réhabiliter le moment cartésien d'un espace indissociable des corps. Enfin, nous montrerons que, loin d'être caduque, l'approche cartésienne, au moins dans son esprit, s'est trouvée réhabilitée par l'hommage que lui a rendu Einstein lorsque fut élaborée la théorie de la relativité générale.

LA DOUBLE FONCTION KANTIENNE DE L'ESPACE

Qu'est-ce qu'une « esthétique transcendantale » ?

Avant même d'aller voir le contenu précis de l'espace au sens kantien, il nous faut comprendre ce qu'il entend par la notion d'esthétique transcendantale, titre de la partie de la théorie transcendantale des éléments dans laquelle apparaît la première conceptualisation de l'espace au sein de la *Critique de la raison pure*[1]. Une « esthétique » ne doit pas être envisagée selon le sens habituel d'une détermination du beau ou de ce qui plaît, mais doit bien plutôt l'être selon son sens étymologique issu du grec *aisthésis* signifiant « sensation ». Une esthétique est donc une science du sensible ou encore une étude spécifique de la sensation et du sentiment en tant que déclinaisons de la manière de *sentir le sensible*.

L'idée même de lui consacrer un chapitre autonome au sein de la *Critique de la raison pure* reprend une révolution introduite par les Lumières, notamment écossaises, jugeant qu'il *est possible de traiter du sensible pour lui-même, de manière autonome, c'est-à-dire sans faire appel à l'entendement ni à la raison*. En d'autres termes, il existerait une sphère parfaitement spécifique – le sensible décliné en sensations et sentiments – qui, comme telle, aurait ses propres règles, ses propres lois, et de telles règles ou de telles lois n'auraient rien à voir avec la pensée intellectuelle, c'est-à-dire avec les concepts. Il serait alors possible d'en mener l'étude spécifique puisque le sensible

---

1. *Cf.* Kant, *Critique de la raison pure*, « Théorie transcendantale des éléments », première partie, « Esthétique transcendantale », § 1, A19/ B33 ; AK III, 49 ; AK IV, 29, trad. fr. A. Renaut [désormais abrégée AR], Paris, GF-Flammarion, 2011, p. 117.

désignerait un type de représentations indépendant de tout autre représentation (conceptuelle, rationnelle, etc.).

En outre, de cette esthétique Kant affirme qu'elle peut être dite « transcendantale ». Par cet adjectif, il convient d'entendre la détermination nécessaire des réalités empiriques (*a posteriori* dit Kant) par des propriétés du sujet qui sont *a priori*, et donc indépendantes de toute acquisition empirique. Pour le dire autrement, le sujet humain peut développer par lui-même et *sans le secours de l'expérience* des facultés, c'est-à-dire une série d'aptitudes qui, non seulement, sont universelles et nécessaires, mais en plus conditionnent la manière dont le sujet va se rapporter à ce qu'il se représente de la réalité empirique. En somme, les facultés transcendantales décrivent la manière dont la réalité empirique apparaît au sujet humain selon une configuration qui dépend non pas de ladite réalité empirique mais bien plutôt des facultés *a priori* : le sujet ne perçoit pas la réalité telle qu'elle est en elle-même mais il la perçoit selon ce que la configuration de son esprit l'amène à percevoir. Partant, ce qui relève du transcendantal n'explique pas pourquoi il y a une expérience du monde, *mais pourquoi l'expérience du monde ne peut adopter universellement que telle ou telle forme.*

De ce fait, si l'on accole « esthétique » et « transcendantale », on comprend aussitôt que Kant ambitionne de décrire deux aspects de la perception humaine : un premier où il s'agit de montrer que les sensations et les sentiments empiriques (*a posteriori*) sont conditionnés par une certaine structure de l'esprit (*a priori*) qui est autonome et indépendante de toute vie intellectuelle ou conceptuelle. Cette faculté autonome peut être appelée « sensibilité ». Et un second par lequel il s'agit d'*identifier* quel est le contenu de cette sensibilité, c'est-à-dire de cette faculté depuis laquelle la réalité se trouve représentée selon des sensations et des sentiments.

À ce stade, deux points doivent être parfaitement compris avant de continuer :

1) L'Esthétique transcendantale n'a pas pour fonction d'analyser en profondeur pourquoi nous sentons ou ressentons certains éléments. Elle a en revanche pour fonction d'expliquer pourquoi nous les sentons et ressentons *d'une certaine manière* ou, plus exactement encore, de restituer ce qu'il faut admettre quant à la structure de l'esprit pour rendre compte du fait que nous nous représentons les objets sentis et ressentis soit comme extérieurs (sensations) soit comme intérieurs (sentiments).

2) En outre, l'explication de cette manière de sentir et ressentir ne peut pas être donnée par la nature de la réalité ; c'est inversement dans la structure de l'esprit que doit se trouver la « condition de possibilité » d'une telle épreuve, ce qui revient à dire que ce qu'éprouve le sujet sur le plan sensible doit être conditionné par la configuration de son esprit et non par la nature même de la réalité.

Les formes a priori *de la sensibilité : l'espace et le temps*

Apparaît alors une difficulté : pour quelle raison une réflexion sur le sensible conduit-elle à une analyse de l'espace ? Nous pourrions naïvement attendre d'une esthétique transcendantale qu'elle mène à une description des *sens* humains. Ce serait évidemment faire fausse route car les sens sont des caractéristiques matérielles et empiriques du corps humains, et non des structures de l'esprit. Or, le transcendantal chez Kant ne vise pas à décrire empiriquement le sujet humain mais bien à analyser les structures indépendantes de l'expérience qui configurent la manière dont nous nous rapportons à cette dernière. De ce fait, une esthétique transcendantale ne vise aucunement à décrire les sens humains – il s'agirait sinon d'une physiologie empirique – ni, par conséquent, à expliquer comment il se fait que nous sentons, mais elle vise à rendre compte d'une possibilité, en l'occurrence celle visant à éclairer la raison pour laquelle nous nous représentons le sensible *d'une certaine manière*, sous les formes de l'extériorité et de l'intériorité. Pour le dire autrement, Kant pose en creux la question suivante : comment rendre compte du fait qu'une partie de ce qui est senti *est représentée comme extérieure* et qu'une autre est représentée *comme intérieure*?

À cette question, deux réponses sont interdites : il est impossible d'y répondre par l'existence des sens, car ceux-ci encore une fois ne relèvent que de la physiologie empirique. Mais il est aussi impossible d'y répondre par la nature de la réalité car je ne me rapporte à celle-ci que par le prisme de mon esprit et c'est ce prisme qui explique comment je perçois la réalité et non la structure intrinsèque de cette dernière. De ce fait, puisque je constate empiriquement que j'accède à la réalité sous une *forme* sensible, et que cette forme sensible se distribue en extériorité et intériorité, alors quelque chose qui relève de moi doit rendre de telles représentations possibles, c'est-à-dire que quelque chose de l'esprit doit déterminer la manière même dont je me rapporte au sensible, c'est-à-dire aux sensations et aux sentiments.

En somme, *Kant remonte à la condition première du sensible*, et se demande à quelle condition sensations et sentiments sont possibles en tant qu'extériorité et intériorité. Pour ce faire, il identifie la double condition suivante :

– je dois pouvoir me représenter la possibilité que des objets extérieurs m'affectent et c'est ainsi que je pourrai interpréter les sensations comme issues d'une extériorité.

– de même, je dois pouvoir me représenter la possibilité de m'auto-affecter et c'est ainsi que je pourrai interpréter les sentiments comme les marques de mes propres états.

De ce fait, *les conditions de la sensibilité se résument à l'existence d'un sens externe, dont la forme sera l'espace, et d'un sens interne, dont la forme sera le temps.* Par l'espace je puis me représenter être affecté par les objets extérieurs, tandis que par le temps je puis me représenter être affecté par mes propres états et, indirectement, par mes propres représentations en général qui se succèdent temporellement.

Les deux définitions de l'espace kantien

Dans le cas de l'espace, bien que les sens soient nécessaires sur le plan empirique pour effectivement sentir un objet extérieur, cela ne permet pas d'expliquer jusqu'au bout pour quelle raison je me *représente* les sensations comme étant issues d'objets extérieurs ; seul un pas en arrière permet d'en rendre compte, de sorte que seule une structure *a priori* de l'esprit puisse rendre compte du fait que je me représente *comme extérieurs* les objets sentis. Ainsi l'espace apparaît-il comme la condition *a priori* de l'extériorité ou, plus exactement, de la représentation des choses *comme* extérieures :

> Par l'intermédiaire du sens externe (une propriété de notre esprit), nous nous représentons des objets comme extérieurs à nous [*als außer uns*], et nous nous représentons dans l'espace. C'est en lui que leur figure,

leur grandeur et les relations réciproques qu'ils entretiennent sont déterminées ou déterminables[1].

À cet égard, l'espace se présente comme une structure à deux faces : il est simultanément ce par quoi ce qui m'affecte est représenté *comme extérieur*, auquel cas il est forme du « sens externe » et détermine la signification de l'affection comme étant issue d'une extériorité, et est en même temps *cadre dans lequel* apparaissent les objets. L'espace doit donc faire l'objet d'une double approche : l'une qui le décrit comme une forme de représentation à partir de laquelle une sensation est représentée comme extérieure, et l'autre qui en fait un contenant ou un présentoir[2] au sein duquel se présentent les phénomènes toujours déjà déterminés à se manifester selon figure, grandeur et rapports.

C'est la raison pour laquelle l'Esthétique transcendantale conjugue deux définitions de l'espace : la première le définit comme une « forme *a priori* de la sensibilité », ce qui revient à dire qu'il est une structure de l'esprit qui ordonne la signification des sensations comme étant d'origine externe et qui, par conséquent, rend possible une représentation de l'extériorité. La seconde privilégie l'idée d'une « intuition pure *a priori* », auquel cas ce n'est plus l'extériorité qui est en jeu mais la nécessité *a priori* pour tout esprit de *pouvoir* se représenter la présence immédiate (intuition) d'un cadre vide de sensations, donc dénué de matière, que viendront remplir les phénomènes au gré de l'expérience selon des figures dotées de grandeurs. L'espace

1. Kant, *Critique de la raison pure*, *op. cit.* C'est nous qui soulignons.
2. Nous reprenons ici le terme de Deleuze faisant de l'espace et du temps des « présentations » des phénomènes : « La diversité *a priori* de l'espace et du temps constitue les formes de la présentation. », G. Deleuze, « Synthèse et temps », Cours du 14 mars 1978, texte en ligne : https : // www.webdeleuze.com/textes/58.

est donc chez Kant aussi bien et simultanément ce qui confère la signification d'une extériorité aux sensations *et* le cadre dans lequel apparaissent les réalités sensibles interprétées comme extérieures et sous forme de figures dotées de grandeur entretenant des relations spécifiquement spatiales. C'est évidemment par la deuxième fonction de l'espace que se laisse au mieux appréhender l'influence newtonienne dans l'œuvre kantienne.

Les quatre intentions kantiennes

Par là se manifestent d'abord les significations et les intentions de Kant mais aussi une série d'ambiguïtés. Les intentions claires se comptent au nombre de quatre :

1) L'extériorité en jeu n'est pas tant celle de l'extériorité entre objets, donc de l'extériorité souvent qualifiée de *partes extra partes*, mais elle est celle qui *m'*est relative ; contrairement à une lecture très souvent menée quoiqu'explicitement contradictoire avec les textes, Kant ne décrit pas ici des relations d'extériorité entre les objets mais bien une manière de se représenter les sensations comme extérieures vis-à-vis de nous, *als außer uns* dit le texte allemand. C'est là un point crucial car il permet d'éviter de mésinterpréter les intentions kantiennes en en faisant une simple description de la juxtaposition des corps les uns à côté des autres selon des relations mutuelles d'extériorité. Ce n'est pas de cela qu'il s'agit, mais bien d'une manière d'interpréter les sensations comme signes d'objets extérieurs vis-à-vis du sujet.

2) Il s'agit de montrer que l'espace n'a pas d'existence absolue, c'est-à-dire d'existence indépendante de l'esprit humain. L'espace est tout entier relatif à la structure de celui-ci et n'aurait pas de sens en-dehors des représentations qu'il associe aux objets. Autrement dit, l'espace désigne

la manière dont un esprit humain se représente un objet comme extérieur, et sans cet esprit disparaît une telle représentation. Comme le confirme Kant, « Nous ne pouvons par conséquent parler de l'espace que du point de vue d'un être humain. »[1]. C'est peut-être sur ce point que Kant se trouve le plus distant des analyses newtoniennes.

3) Il s'agit également de montrer que tout ce qui est spatial (et temporel) relève de la *réceptivité* du sujet, donc de sa *passivité*. L'espace est d'abord une forme de la sensibilité par laquelle le sujet *reçoit passivement* les phénomènes sous la forme de l'extériorité ; il est ce par quoi sont donnés les objets *comme* extérieurs sans que nous n'intervenions *activement* dans cette représentation. Autrement dit, *il ne faut pas confondre le fait que l'extériorité des phénomènes ne soit représentée comme telle que pour un humain et le fait qu'une telle représentation procède d'une activité* : avec l'espace (et le temps) nous avons affaire à des représentations qui dépendent de la structure de l'esprit mais pas de l'activité de l'esprit. Ainsi, poursuit Kant, « si nous nous dégageons de la condition subjective sous laquelle seulement nous pouvons recevoir une intuition externe, à savoir la possibilité d'être affectés par les objets, la représentation de l'espace ne signifie absolument rien. »[2].

4) Cela conduit à comprendre que Kant réfute catégoriquement la dimension conceptuelle de l'espace : *en spatialisant, nous ne concevons rien* car toute conceptualisation relève d'une *activité* intellectuelle. Autrement dit, l'espace n'est pas ce par quoi je me représente intellectuellement des rapports d'extériorité mais, bien plutôt, la forme de la sensibilité en vertu de laquelle je

1. Kant, *Critique de la raison pure*, op. cit., § 3, AK III, 55 ; AK IV, 33 ; A 26/B 42 ; AR, p. 123.
2. *Ibid.*

reçois passivement et uniquement de manière *sensible* les objets selon des rapports d'extériorité. Ainsi, associer l'espace à une forme de réceptivité, c'est profondément refuser qu'il procède d'une activité de conceptualisation et c'est donc refuser que la représentation des objets comme extérieurs relève d'une *médiation* intellectuelle. *L'extériorité n'est pas un concept, c'est une intuition sensible.* Nous reviendrons toutefois sur cette non-conceptualité de l'espace qui, en vertu de la double signification de ce dernier, doit prendre deux directions, à savoir la non-conceptualité de l'extériorité et la non-conceptualité du cadre.

Si nous synthétisons de telles intentions, en faisant pour le moment abstraction des interlocuteurs nombreux avec lesquels Kant entre en discussion – Descartes, sans doute Hume, Leibniz, Newton, Clarke –, nous pouvons comprendre le nerf du raisonnement général qui nous semble résumé dans le second moment de l'exposition métaphysique du concept d'espace : « On ne peut jamais construire une représentation [d'objet externe] selon laquelle il n'y aurait pas d'espace [...]. »[1]. L'espace est donc condition de possibilité des phénomènes comme extérieurs, c'est-à-dire structure *a priori* conditionnant la manifestation empirique des phénomènes. Il ne faut pourtant pas entendre par-là une *action* de l'esprit *sur* la réalité qui serait ainsi forcée par on ne sait quel miracle d'apparaître de telle ou telle manière ; l'espace n'agit sur rien, il n'est pas une cause générant des effets, mais il est bien plutôt une structure de l'esprit qui fait que ce dernier est *contraint par sa propre structure* : il ne peut se rapporter à la réalité autrement que selon ce que la structure autorise. Ainsi, dire que l'espace

---

1. Kant, *Critique de la raison pure*, *op. cit.*, § 2, AK III, 52 ; AK IV, 32 ; A 24/B 38 ; AR, p. 120.

est une forme *a priori* de la sensibilité, c'est très exactement dire que si tous les sujets humains perçoivent les phénomènes selon une extériorité spatiale et qu'ils ne pourraient pas la percevoir autrement, c'est donc que l'espace est d'abord et avant tout une propriété universelle et nécessaire du sujet percevant et non une propriété de la réalité ; et être une propriété universelle et nécessaire du sujet, c'est, selon le vocabulaire kantien, être *a priori*.

Analyse du raisonnement kantien

Il faut mesurer ici la nature du raisonnement qui *détermine une condition de possibilité depuis une impossibilité* : il est impossible *pour l'esprit* de se rapporter aux objets extérieurs autrement que sous forme spatiale. *Cette impossibilité parle de l'esprit et non de la réalité* : quelque chose dans la structure de l'esprit force ce dernier à ne pouvoir se représenter les réalités sensibles – ce que Kant appelle des « phénomènes » – que de manière extérieure (spatiale), donc l'espace est une propriété *a priori* de l'esprit, c'est-à-dire un élément d'une faculté transcendantale à partir de laquelle se comprend la forme sous laquelle nous apparaissent lesdits phénomènes. Mais il ne faut pas oublier que l'espace n'est pas une propriété des choses ; de ce fait, lorsque l'on dit que la structure de l'esprit contraint ce dernier à se rapporter aux objets sous la forme de l'extériorité, cela ne signifie aucunement qu'il existerait toute une gamme de phénomènes dont certains seraient extérieurs et d'autres non, et parmi lesquels l'intuition spatiale sélectionnerait les phénomènes extérieurs. *Il n'y a pas d'extériorité en-dehors de la manière dont l'esprit se représente les objets.*

De ce fait s'établit un double enjeu : d'un côté s'impose la question transcendantale qui détermine les conditions de possibilité des phénomènes, et de l'autre se dévoilent les formes que doit contenir l'esprit. En partant du fait que nous nous représentons les phénomènes comme extérieurs, Kant montre ainsi sur le plan transcendantal quelles sont les conditions de la spatialité, et conjugue cela à la nécessité que l'esprit dispose d'une forme du sens externe qu'est l'espace. Si la configuration *a priori* de l'esprit était différente, alors la réalité phénoménale nous apparaîtrait d'une autre manière selon des modalités que nous ne pouvons pas envisager.

LES AMBIGUÏTÉS DE L'ESPACE KANTIEN

L'espace comme idéalité transcendantale et comme réalité empirique

Si se trouvent ainsi expliquées les *intentions* de Kant, coexistent avec ces dernières certaines ambiguïtés. En tant que forme *a priori* de la sensibilité, l'espace est une idéalité par laquelle peut être compris le fait que les phénomènes se présentent à moi directement comme extérieurs, donc que j'ai des intuitions externes. Comme l'explique Kant, « L'espace n'est rien d'autre que simplement la forme de tous les phénomènes des sens externes, c'est-à-dire la condition subjective de la sensibilité sous laquelle seulement pour nous, une intuition externe est possible. »[1]. Par là se comprend que l'espace comme intuition découle de l'espace comme forme du sens externe. Mais, à vrai dire, il n'est pas seulement cette forme *a priori* et donc cette condition d'une intuition externe puisque si je perçois les phénomènes

---

1. Kant, *Critique de la raison pure*, *op. cit.*, AK III, 55 ; AK IV, 33 ; A 26/B 42 ; AR, p. 123.

comme extérieurs, donc comme *spatialisés*, alors l'*extériorité* comme spatialisation est pleinement *expérimentée* et l'espace doit disposer d'une certaine réalité empirique au sens où il *est* justement l'extériorité éprouvée desdits phénomènes.

L'espace oscille donc entre la réalité empirique par laquelle j'éprouve l'extériorité des phénomènes et son idéalité puisque c'est la structure de l'esprit et non les choses elles-mêmes qui amènent à se rapporter nécessairement aux phénomènes selon la perspective de l'extériorité spatiale. Comme l'écrit Kant :

> Nous affirmons en ce sens la *réalité empirique* de l'espace (à l'égard de toute expérience externe possible), tout en affirmant son *idéalité transcendantale*, c'est-à-dire qu'il n'est rien dès que nous omettons la condition de la possibilité de toute expérience et que nous l'admettons comme quelque chose qui est au fondement des choses en elles-mêmes[1].

Un tel propos ne présente de sens que si l'expérience de l'extériorité des phénomènes *est* l'expérience même de l'espace par laquelle il dispose d'une réalité empirique.

Peut-on sortir d'une telle oscillation ? Assurément oui. *La réalité empirique de l'espace n'est jamais que le résultat de son idéalité* puisque celle-ci contraint l'esprit à se représenter les sensations d'une certaine manière ; de ce fait, *je ne perçois jamais que selon la manière que me prescrit l'esprit, de sorte que la perception empirique reflète la structure de l'esprit.* Il est donc parfaitement normal que l'espace soit d'abord une idéalité configurant l'esprit, et ensuite une réalité empirique en tant que la forme sous laquelle m'apparaît cette dernière n'est jamais

1. *Ibid.*, AK III, 56 ; AK IV, 35 ; A 28/B 44 ; AR, p. 124.

que le résultat de la détermination de ma perception par la structure de l'esprit. Au fond, si je peux percevoir empiriquement l'espace, c'est parce que je perçois la manière dont je perçois, la perception empirique ne pouvant rien être d'autre que le reflet des nécessités transcendantales de l'esprit en vertu desquelles les choses ne peuvent m'apparaître empiriquement que comme extérieures.

L'espace kantien peut-il être pensé indépendamment de tout objet ?

Mais à ce premier balancement entre idéalité transcendantale et réalité empirique, qui revient à dire que l'espace est « en nous » comme forme *a priori* de la sensibilité *et* « hors de nous » comme représentation extérieure des phénomènes, s'en ajoute un second qui tient à la possibilité que l'espace soit pensé indépendamment de toute sensation et, partant, de tout phénomène empirique.

Si ce dernier dispose en effet d'une certaine réalité empirique, cela ne peut avoir de sens que par l'expérience que je fais de phénomènes intuitionnés comme extérieurs, ce qui est le strict équivalent de l'expérience de leur spatialité. Mais, dire de l'espace qu'il peut être une intuition pure *a priori*, c'est justement dire qu'il peut être *pensé* comme vide, *donc sans matière*, auquel cas c'est l'espace en tant qu'espace qui semble lui-même devenir le cadre extérieur. Kant le reconnaît volontiers dans le second développement de l'exposition métaphysique du concept d'espace, en montrant que s'il est impossible de se représenter des objets extérieurs sans espace, on peut en revanche « penser » un espace sans objet.

Dans ce cas, il faut en déduire que Kant mène de front deux approches sensiblement différentes : l'espace est d'abord l'extériorité intuitive des objets, et peut à ce titre faire l'objet d'une perception empirique. Mais en tant qu'« intuition pure », il ne saurait être expérimenté et ne peut être que pensé par abstraction, ce qui signifie qu'à partir des phénomènes Kant accomplit deux opérations parallèles : par la première il tire profit de l'extériorité et remonte de ce qui est effectivement perçu aux conditions de la perception, tandis que par la seconde il éradique l'aspect matériel particulier des phénomènes pour affiner son entente de l'intuition, semblant hésiter entre la configuration des phénomènes selon l'extériorité et la détermination du sens même de l'intuition.

INSCRIPTION HISTORIQUE DE L'ESPACE KANTIEN

La discussion avec Hume : le refus de l'origine empirique de l'espace

Une telle hésitation est présente dans le § 2 de l'« Esthétique transcendantale » qui est contraint de refuser à deux reprises la nature conceptuelle de l'espace, reconnaissant en creux l'équivocité de ce dernier. Dans un premier temps, Kant réfute la possibilité que l'espace soit un concept empirique, donc un concept tiré de l'observation des relations d'extériorité dont, par généralisation intellectuelle, naîtrait une conception de l'extériorité comme telle. À vrai dire, c'est sans doute à Hume que songe Kant en menant cette première réfutation puisque, dans le *Traité de la nature humaine*, le philosophe écossais explique la provenance de l'idée d'étendue depuis une source empirique : « J'ouvre les yeux, je les tourne vers les objets qui m'environnent, je perçois un grand nombre de corps visibles; je ferme à nouveau les yeux et, considérant la distance [*the distance*] qui est entre ces corps, j'acquiers l'idée d'étendue [*the idea of extension*]. »[1]. Naturellement, Kant joue sur du velours pour réfuter pareille position puisque tout l'enjeu kantien consiste à montrer que la distance n'est justement perçue *comme distance* (donc comme *relation spatiale*) qu'en vertu du fait que je perçois les phénomènes selon des relations d'extériorité. Ainsi, lorsque Hume exemplifie son propos en affirmant que « la vue de la table qui est devant moi [*before me*] suffit à elle seule, par la vue que j'en ai, à me donner l'idée d'étendue [*the idea of extension*] », Kant peut aisément répondre que si je perçois la table « devant moi », c'est que celle-ci m'apparaît déjà selon la forme de l'extériorité, ce grâce à quoi la distance frontale est empiriquement possible en un *second temps*, en tant que relation spatiale inhérente à l'intuition. La distance frontale n'est donc pas première mais seconde, et n'apparaît comme telle qu'en vertu du fait que je suis doté d'un esprit contraint de ne se rapporter aux phénomènes que sous la forme de l'extériorité, ce dont la distance frontale est une des relations possibles. En somme, c'est parce que je dispose *a priori* d'une structure qui me présente les phénomènes sous la forme de l'extériorité que je puis me représenter des relations de distance et non parce que je perçois de la distance entre les phénomènes que va empiriquement se former l'idée d'étendue.

Cela permet de donner sa pleine intelligibilité au fait que l'espace soit tout autant idéalité que réalité empirique, et de mesurer le reproche qu'adresse Kant à Hume : si je

---

1. Hume, *Traité de la nature humaine. L'entendement*, I, 2e partie, section III, trad. fr. M. Mlaherbe, Paris, Vrin, 2022, p. 153.

perçois empiriquement les choses comme spatialisées, c'est-à-dire comme extérieures, c'est parce que cela *exprime* la manière dont l'esprit configure la manière dont je peux percevoir et non une donnée brute de l'expérience. En d'autres termes, si Kant partage la *description humienne de la perception empirique, il remonte en amont de celle-ci* en vue de montrer qu'une telle spatialité est *seconde* en tant qu'elle n'est rien d'autre que le signe de la configuration des formes de la perception par l'esprit. Il est donc vrai que, empiriquement parlant, je perçois la table comme étant « devant » moi, mais je ne puis la percevoir comme étant « devant » que parce que mon esprit me détermine à ne percevoir que selon des rapports d'extériorité : « devant » n'est pas une réalité première mais le résultat d'une configuration de la perception selon l'intuition spatiale.

Mais un tel argument ne semble réfuter pleinement que l'origine empirique de la représentation de l'espace et non sa conceptualité, si bien que rien ne justifie à ce stade que l'extériorité ne soit pas conceptuelle. L'ambiguïté de cette première réfutation tient d'ailleurs au fait que ce soit l'empirisme humien qui soit visé, empirisme dans lequel l'entendement repose sur l'imagination de sorte qu'il n'y a pas véritablement de concepts au sens propre chez Hume, c'est-à-dire de représentations purement intellectuelles porteuses d'un sens universel. À cet égard, réfuter la conceptualité de l'espace en s'en prenant à Hume qui ne croit pas de manière générale à la conceptualité a de grandes chances de réfuter la source empirique de l'espace davantage que sa nature conceptuelle.

La discussion avec Leibniz : l'approche conceptuelle de l'espace

Ainsi, lorsqu'intervient la seconde réfutation, on imagine que c'est la conceptualité même de l'extériorité qui en sera l'objet et d'une certaine manière ce sera le cas puisque Kant voudra démontrer que l'espace, loin d'être un concept discursif, est une « intuition pure ». Mais comment prouver cela ? Comment prouver de manière conceptuelle (il s'agit d'une « exposition métaphysique » qui est nécessairement conceptuelle) que la représentation des phénomènes comme extérieurs n'est pas d'ordre conceptuel ?

Avant même de parvenir à montrer que l'espace n'est pas un concept, encore faudrait-il comprendre *ce que cela signifierait s'il était un concept* et donc parvenir à déterminer ce que l'espace permettrait de *concevoir*. Percevoir spatialement, cela signifie avant toutes choses percevoir des figures étendues, dotées de grandeur et entretenant des relations elles-mêmes spatiales ; de ce fait, si l'espace était un concept, alors il faudrait considérer que la représentation des phénomènes comme étant des figures étendues dotées de grandeur procèderait d'une conception intellectuelle des corps, au sens où il serait intellectuellement nécessaire de concevoir les corps comme devant être des figures étendues, l'étendue appelant la grandeur.

Cette détermination de l'espace comme concept se trouve de manière privilégiée chez Leibniz qui, à n'en pas douter, constitue justement l'une des cibles de Kant dans l'Esthétique transcendantale. Partant des corps matériels, le philosophe de Hanovre mène l'analyse suivante :

> [...] la définition du corps est d'exister dans l'espace. Et tous les hommes appellent corps ce qu'ils trouvent dans un espace, et réciproquement, ce qui est corps, ils

le trouvent dans un espace. Cette définition repose sur
deux termes : *l'espace* et *l'existence dans*.
Du terme d'espace se tirent dans le corps la grandeur
et la figure. Le corps en effet a incontinent mêmes
grandeur et figure que l'espace qu'il remplit[1].

Plus difficile qu'il n'y paraît, le propos leibnizien a
pour ambition de montrer que par l'espace sont conçues
deux nécessités : l'une est ontique, et insiste sur la nécessité
que l'existence des corps requière l'espace, l'autre est
matérielle et spécifie la nécessité voulant que le corps
existant dans l'espace soit doté d'une figure et d'une
grandeur. L'espace, analyse ainsi Yvon Belaval, « n'en est
que l'ensemble qui se définit par l'existentiable. Il est la
forme *a priori* de toute mondanité possible. »[2]. Au fond,
dire de l'espace qu'il est un concept, c'est dire que l'entendement ne peut pas concevoir l'existence des corps autrement
que sous la forme d'une relation de coexistence et de
juxtaposition, donc sous forme d'une extériorité réciproque,
et ne peut pas non plus concevoir les corps autrement que
comme étendus, donc comme des figures dotées d'une
grandeur. Il en découle que l'espace en tant que concept
désigne sur le plan logique l'ordre relationnel simultané
que doivent entretenir les corps et non l'étendue en tant
que telle ; seuls les corps créés sont effectivement étendus,
mais l'espace en tant que tel, loin d'être étendu, se contente
de signifier la nécessité que les corps soient étendus et
juxtaposés dans un ordre de coexistence simultanée. Ainsi
convient-il de distinguer l'*extension* effective des corps

1. Leibniz, *Profession de foi de la nature contre les athées*, I, dans
Leibniz, *Discours de métaphysique et autres textes*, C. Frémont (éd.),
Paris, GF-Flammarion, 2001, p. 29.
2. Y. Belaval, « L'espace », dans Y. Belaval, *Études leibniziennes.
De Leibniz à Hegel*, Paris, Tel-Gallimard, 1993, p. 207.

existants de l'espace comme tel qui n'a de réalité qu'idéelle, comme condition intellectuelle de l'existence matérielle selon un ordre de coexistence.

À cet égard, l'espace ne saurait avoir de sens absolu, doublement relativisé qu'il est, d'abord par son statut d'idéalité tributaire de l'entendement, par les corps existants dont il est la relation ordonnée ensuite. À l'encontre de l'espace newtonien pensable sans corps, l'espace leibnizien est intrinsèquement défini comme la relation de *coexistence* entre les corps, accusant du même geste sa dimension conditionnée. Fondamentale est l'intention leibnizienne de montrer que *l'espace n'est pas une réalité conçue comme s'ajoutant à celle des corps mais bien plutôt une manière de concevoir la relation de coexistence instantanée entre ces derniers* :

> Je reconnais que le temps, l'étendue, le mouvement, et le continu en général de la manière qu'on les prend en Mathématiques, ne sont que des choses idéales, c'est-à-dire qui expriment des possibilités, tout comme font les nombres. [...]. Mais pour parler plus juste, l'Étendue est l'ordre des coexistences possibles, comme le Temps est l'ordre des possibilités inconsistantes, mais qui ont pourtant de la connexion. Ainsi l'un regarde les choses simultanées ou qui existent ensemble, l'autre celles qui sont incompatibles et qu'on conçoit pourtant toutes comme existantes. [...][1].

À cet égard, *l'espace n'est pas objet de perception mais il est sujet de conception; concevoir selon l'espace*

---

1. Leibniz, *Réponse aux réflexions contenues dans la seconde édition du Dictionnaire critique de M. Bayle, article Rorarius, sur le système de l'harmonie préétablie*, dans Leibniz, *Système nouveau de la nature et de la communication des substances*, présentation de C. Frémont, Paris, GF-Flammarion, 1994, p. 207.

c'est concevoir la nécessité que les choses entretiennent
un maillage réticulaire, un ordre de coexistence simultanée,
une structuration *a priori* non tributaire de l'existence
empirique. L'espace ne s'ajoute donc pas aux corps, pas
plus qu'il n'est pensable sans eux : il *est* leur relation de
coexistence, et exclut de ce fait toute possibilité de concevoir
un espace vide :

> [...] si l'Espace n'est autre chose que cet ordre ou rapport,
> et n'est rien du tout sans les corps, que la possibilité d'en
> mettre ; ces deux états, l'un tel qu'il est, l'autre supposé
> à rebours ne différeraient point entre eux : leur différence
> ne se trouve que dans notre supposition chimérique, de
> la réalité de l'espace en lui-même ; mais dans la vérité,
> l'un sera justement la même chose que l'autre, comme
> ils sont absolument indiscernables[1].

Si le propos se clarifie, encore faut-il distinguer les
corps de leurs relations : l'espace *est* la relation ordonnée
entre les corps, mais il est le « lieu » des choses matérielles ;
mieux encore, l'espace ne dépend pas des corps eux-mêmes
mais, en tant que relation ordonnée, il est ce à partir de
quoi chaque chose peut être située : « il est cet ordre qui
fait que les corps sont situables, et par lequel ils ont une
situation entre eux en existant ensemble [...]. »[2]. Ainsi
l'espace confère-t-il aux corps la possibilité d'être *situés*
logiquement au sein du maillage réticulaire, le *situs* étant
donc un rapport d'ordre logique plus qu'un lieu physiquement
déterminé. Enfin, dans cet ordre de coexistence qu'est
l'espace figurent des parties inséparables les unes des
autres ; par exemple, « la place du Soleil est une partie de

1. Leibniz, *Troisième écrit de Leibniz*, dans Leibniz-Clarke,
Correspondance, troisième écrit de Leibniz, § 5, Paris, P.U.F., 1957,
p. 53.
2. *Ibid.*, Quatrième écrit, § 41, p. 97.

la place du système solaire »[1] ; en d'autres termes, dans cet ordre de coexistence se détachent des « places » qui sont autant de parties concevables de l'ensemble ordonné.

Mais quel rapport doit-on alors établir entre les parties et le tout ? Est-ce le tout qui, partitionné, donne des places ou sont-ce au contraire les places qui, intellectuellement composées, permettent de concevoir l'espace comme totalité des places ? C'est évidemment la seconde solution qui est la bonne car l'espace est un concept de totalité dont les parties sont antérieures : « ce qui comprend toutes ces places est appelé espace. »[2]. La conséquence va du concept de place à celui d'espace, car « espace est ce qui résulte des places prises ensemble. »[3].

Ainsi se précise davantage encore ce que l'on conçoit quand on conçoit l'espace. Ce dernier, indiscernable de l'ordre de coexistence, se veut en même temps totalité de parties, c'est-à-dire de places dont il est la composition. Ne pouvant être vide puisque conçu depuis les corps, l'espace n'est donc ni une réalité absolue, ni même un cadre conceptuel premier. C'est très précisément cela que Kant va devoir réfuter pour montrer que l'espace n'est pas un concept.

Réfutation kantienne de la conceptualité leibnizienne de l'espace

Si nous revenons à l'exposition métaphysique du concept d'espace et à son troisième moment, nous nous rappelons que Kant ambitionne de réfuter la conceptualité de l'espace et de défendre un statut d'intuition pure.

---

1. Leibniz, *Troisième écrit de Leibniz*, *op. cit.*, Appendice, p. 101.
2. *Ibid.*, Cinquième écrit, § 47, p. 143.
3. *Ibid.*, p. 144.

Toutefois, l'entreprise est hardie car l'exposition métaphysique vise à détailler le contenu d'un concept sans le secours de l'expérience ; de ce fait, que l'espace ne soit pas un concept est une chose, qu'il soit possible d'exposer conceptuellement les raisons de sa non-conceptualité en est une autre et Kant est acculé, parce qu'il mène une entreprise philosophique, à rendre conceptuellement compte de la non-conceptualité de l'espace. *Il convient donc de distinguer la présentation conceptuelle de l'espace de la présentation de l'espace comme concept*, l'espace n'étant pas chez Kant ce par quoi sont conçus les rapports spatiaux bien que l'espace soit conceptualisable.

Par ailleurs, Kant ne conteste évidemment pas l'idéalité leibnizienne de l'espace, acquise dès le premier moment de l'exposition métaphysique contre Hume. L'enjeu consiste bien plutôt à déterminer la nature non intellectuelle d'une telle idéalité, c'est-à-dire à montrer que l'espace comme idéalité ne constitue pas une médiation conceptuelle entre l'esprit et le monde mais bien plutôt une manière *directe et immédiate* de se rapporter au monde *d'une certaine façon* dont ne pourrait d'ailleurs pas rendre compte l'entendement. Si l'espace était en effet un concept alors il serait une médiation de sorte qu'il serait sollicité en tant qu'intermédiaire pour donner à l'ordre des choses un sens conceptuel ; tout l'enjeu kantien consiste à montrer non pas qu'un tel ordre n'existe pas mais qu'il n'est pas conceptuel et, plus encore, que certaines relations intrinsèquement spatiales ne peuvent être conçues intellectuellement. Autrement dit, l'ordre spatial n'est pas une construction intellectuelle nécessitant la médiation du concept, mais une manière immédiate de se rapporter au monde selon les règles propres de la sensibilité.

C'est là qu'intervient l'exposition métaphysique visant au fond à conceptualiser ce rapport immédiat sur la base d'une analyse de la représentation : que concevons-nous quand nous concevons le rapport au monde ? Nous concevons sous forme directe un rapport à un espace non déterminé par des corps. Conceptualiser le rapport immédiat c'est conceptualiser cette présence d'un cadre unique – l'espace – et nécessaire : je ne peux pas ne pas me le représenter, et je ne peux m'en représenter qu'un, l'unicité étant décisive. Autrement dit, la fameuse formule des parties extérieures les unes aux autres (*partes extra partes*) de l'étendue ne constitue aucunement une caractéristique irréductible de l'espace ; c'est bien plutôt l'unicité qui, conceptuellement, s'impose, *unicité qui peut être conçue indépendamment des corps*.

Ce point est crucial car il permet à Kant, en un second temps, de réfuter un élément fondamental de l'espace leibnizien, à savoir l'idée selon laquelle celui-ci procède d'une composition ou d'une agrégation des parties – des places. Là-contre, en vertu de l'unicité de l'espace, en découle son originarité : c'est parce que l'espace est unique que les parties ou les places constituent des découpages de celui-ci, si bien que l'espace se présente comme originaire et non comme tributaire d'une construction depuis l'agrégation des places.

Désintellectualisation de la figure et de la grandeur : fonction de l'intuition pure a priori

Toutefois, Kant introduit cette étrange idée selon laquelle se détachent de l'espace unique et originaire *des espaces* dont il dit qu'ils sont des « limitations » : qu'est-ce à dire ? Pour le comprendre, il convient d'établir ce que l'on pense lorsqu'on pense l'espace comme intuition pure, ce qui impose de comprendre aussi bien la notion d'intuition que celle de pureté. En tant qu'*intuition*, il faut que l'espace ait affaire à quelque chose, qu'il soit intuition *de* quelque chose ; mais en tant que *pure*, cette intuition est affranchie par abstraction de la matérialité des phénomènes. On comprend ainsi que l'intuition pure ne peut être analysée qu'en deux temps : un premier où est saisi un certain divers de l'intuition, puis un second par lequel une opération abstractive évacue la matérialité pour ne retenir que le « squelette » du divers.

Mais de quoi l'intuition pure est-elle alors l'intuition ? Si elle est indépendante de la diversité empirique de la sensation, elle est en revanche liée à *la manière dont ladite diversité empirique doit se présenter au sujet : la diversité ne se donne pas comme une diversité chaotique mais se donne directement comme organisée en figures, grandeur et rapports*. Autrement dit, en tant qu'intuition pure *a priori*, l'espace configure un agencement de la *représentation* du divers : celui-ci ne peut être représenté que selon des figures étendues entretenant certaines relations. Figures, grandeur et rapports ne sont donc pas comme telles des données empiriques mais *la forme nécessaire sous laquelle je dois me représenter l'extériorité*, ce qui revient à dire que je sais que *quoi que je sente empiriquement, ce que je sentirai se présentera sous la forme de figures, grandeur et rapports.* Il ne peut pas en aller autrement.

Par ce biais, Kant défend deux positions :

1) Il m'est impossible de me rapporter à la diversité brute, car mon esprit est ainsi fait que je ne puis faire autrement que me la représenter comme déjà organisée en figures, grandeur et rapports. La diversité brute n'est pas comme telle constituée de figures et de grandeur mais je

ne puis me représenter la diversité empirique autrement ; bref, il m'est impossible de me représenter les phénomènes extérieurs autrement que sous forme de figures, rapports et grandeur, et *cela constitue une nécessité a priori*, donnée avec l'espace.

2) Le coup de force kantien consiste par ailleurs non pas à nier le rapport entre espace d'un côté et grandeur et figure de l'autre, mais à *nier leur conceptualité*. Ainsi, lorsque nous nous rapportons spatialement aux choses, il est nécessaire que nous nous y rapportions sous la forme de figures, grandeur et rapports. *Il convient donc de distinguer la grandeur et les rapports qui sont pré-conceptuels et donnés avec l'espace*, de la subsumption des phénomènes sous la grandeur *déterminée* comme concept opérée par l'entendement, tout comme il convient de *distinguer la figure liée à l'intuition, de l'unité de l'objet opérée par la synthèse de l'entendement*. Par conséquent, cet espace unique est comme limité en « interne » par les figures étendues qu'il contient, et cette limitation de l'espace unique par des figures étendues structure immédiatement notre rapport intuitif au monde sans que cela ne procède d'une quelconque construction intellectuelle. C'est en somme la raison fondamentale pour laquelle l'intuition pure est structurellement liée à l'intuition de rapports intrinsèquement spatiaux. Mais si l'on pousse la logique kantienne jusqu'à son terme, alors il faut admettre que les rapports donnés de manière intuitive *diffèrent* de ceux que donnerait la médiation du concept. Tel est l'exemple fort éclairant que mobilise Kant dans les *Prolégomènes* :

> Que peut-il y avoir de plus semblable et de plus égal en tous points à ma main ou à mon oreille que leur image dans le miroir ? Et pourtant je ne puis substituer une main

vue dans le miroir à son modèle; car si c'est une main droite, dans le miroir c'est une main gauche et l'image de l'oreille droite est une oreille gauche qui ne peut en aucune façon se substituer à la première. Or il n'y a pas ici de différences internes qu'un entendement pourrait, à lui seul, penser; et pourtant, autant que les sens l'enseignent, les différences sont intrinsèques, car on peut bien trouver égalité et similitude entre main gauche et main droite, il n'en reste pas moins qu'on ne peut pas les enclore dans les mêmes limites […] : on ne peut pas mettre le gant d'une main à l'autre main[1].

Fort instructif est cet exemple : d'un côté, il permet d'établir que des objets en tout point identiques du point de vue conceptuel ne le sont pas du point de vue des sens. Les propriétés des deux mains, du point de vue déterminé du concept et de la mesure, sont exactement les mêmes et, au sens leibnizien de l'espace, la main gauche ne saurait différer de la main droite puisque l'ordre de coexistence entre chaque élément de la main est exactement le même quelle que soit la main envisagée. Preuve en est que les deux mains peuvent se superposer et ainsi exprimer leur parfaite similarité réticulaire. Pourtant, il y a comme un *savoir non-conceptuel des sens* qui ne requiert pas le concept et qui permet d'affirmer que *la main gauche n'est pas la main droite*. Cette différence signe l'autonomie de la sensibilité disposant de son savoir propre : bien que la *grandeur* de la main gauche et celle de la main droite soient similaires, le *rapport* entre les deux *figures* n'est pas celui d'une identité mais d'une *différence*, différence que j'intuitionne spatialement et qui signe *l'existence de rapports spécifiquement spatiaux que l'entendement échoue à*

1. Kant, *Prolégomènes à toute métaphysique future*, trad. fr. L. Guillermit, Paris, Vrin, 2008, § 13, p. 49-50.

concevoir. Ainsi s'établissent une série de rapports – gauche/droite, devant/derrière, haut/bas, etc. – qui, loin d'être conceptuels, ne sont jamais que les modes spécifiquement spatiaux de l'intuition.

Mais d'un autre côté, cet exemple force à se demander *par rapport à quoi* la différence des deux mains a un sens : quelque chose comme un espace absolu est ici en jeu en tant que, antérieur aux corps, il rend les figures possibles mais aussi la différenciation de ces dernières. On a donc là une illustration parlante d'un espace parfaitement indépendant des corps à partir duquel se « sentent » les relations et qui, bien que relatif à la subjectivité transcendantale, présente un caractère absolu du point de vue des corps. Ce n'est certes pas l'espace absolu au sens newtonien mais c'est toutefois une sorte de repère absolu à partir duquel est possible l'affirmation de différences (ou d'identité) dans les relations spécifiquement spatiales.

Espace, corps et géométrie

Apparaît à ce stade de la réflexion la question géométrique. Nous avions vu que, chez Newton, c'est l'espace absolu qui constituait comme telle une réalité d'ordre géométrique, autorisant toutes les mesures de l'espace relatif. Chez Kant, en revanche, la géométrie en tant que science est comme seconde, dans la mesure où ce que nous attribuons à la science géométrique – figures, grandeur et rapports – se trouve désintellectualisé pour devenir une série de relations intuitives, sur lesquelles opère la géométrie qui ne se donne donc pas à elle-même ses propres objets[1].

---

1. C'est la raison pour laquelle le troisième point de l'exposition métaphysique établit que la comparaison des côtés d'un triangle selon la grandeur dérive de l'intuition et non du concept : « Ainsi tous les

C'est donc sur ces intuitions que pourront être construites, mais dans un second temps, des conceptualités spécifiques, par exemple celles dont aura besoin la géométrie qui tirera sa force apodictique non des concepts qu'elle mobilise – lignes, droites, etc. – mais des rapports non conceptuels inhérents à l'espace. Autrement dit, *la géométrie ne pourra rien utiliser d'autre que les figures et les rapports auxquelles elle apportera des déterminations conceptuelles spécifiques, relevant soit de la définition* (telle figure est une « ligne »), soit de la mesure, si bien qu'elle *spécifiera depuis l'entendement* la nature et la grandeur des objets qu'elle manipule, bien que *la donation du divers sous la forme de figures, grandeur et rapports ne soit pas de son fait.* Contrairement à Newton pour qui l'espace absolu de nature géométrique autorisait des mesures effectives, Kant conceptualise un espace dont les modalités intuitives sont extra-conceptuelles et c'est depuis ces éléments extra-conceptuels que pourra s'édifier une géométrie aux relations apodictiques, géométrie qui procède donc de la même source que celle par laquelle nous nous rapportons aux phénomènes du sens externe. De cette source commune, Kant tire toutes les conséquences dans les *Prolégomènes* :

> La sensibilité, dont la forme fonde la géométrie, est ce sur quoi repose la possibilité des phénomènes externes ; donc ces phénomènes ne contiennent jamais rien d'autre que ce que la géométrie leur prescrit[1].

principes géométriques, par exemple celui qui veut que, dans un triangle, deux côtés soient ensemble plus grands que le troisième, ne sont-ils eux-mêmes jamais dérivés de concepts universels de la ligne et du triangle, mais de l'intuition, et cela *a priori* avec une certitude apodictique. » (AK IV, 33 ; A 24/B 39 ; AR, p. 121).

1. Kant, *Prolégomènes*, *op. cit.*, remarque I, p. 51.

Dans la mesure où, en effet, nous n'avons pas affaire aux choses en soi mais à la manière dont nous nous les représentons selon les formes *a priori* de la sensibilité, et puisque cette manière de nous les représenter nous donne immédiatement, par l'intuition pure *a priori*, figure, grandeur et rapports dont la géométrie donne les relations apodictiques, il est nécessaire que les objets courants de l'expérience soient exactement ceux dont traite la géométrie puisqu'ils sont ceux qui sont donnés avec l'espace, la géométrie ne se donnant pas à elle-même les objets fondamentaux sur lesquels elle travaille mais les recevant de l'espace lui-même en tant qu'intuition pure *a priori*. Opérant donc sur les figures et grandeurs de l'espace, elle s'applique aux phénomènes les plus quotidiens, par une sorte de rationalisation de relations qui, par elles-mêmes, sont extra-intellectuelles.

Ce faisant, Kant résout un problème crucial qu'est celui de la réalité objective de la géométrie : pour quelle raison une science « abstraite » pourrait-elle coïncider avec les objets réels, effectivement rencontrés dans l'expérience ? En rompant avec l'idée que l'espace soit une propriété des choses, Kant facilite paradoxalement la portée objective de la géométrie : puisque nous ne nous rapportons jamais qu'aux figures, grandeur et rapports sensibles, alors la géométrie ne peut se rapporter qu'à elles, géométrie et perception des phénomènes s'enracinant en une source commune.

Mais il faut poursuivre l'approfondissement de l'intuition pure *a priori* : cette dernière permet de saisir directement, donc sans construction intellectuelle, la nécessité que le *divers* soit déjà configuré d'une certaine manière. De ce fait, l'espace comme intuition pure *a priori* détermine très précisément ce qui peut être intuitionné avant toute intuition empirique.

Mais n'est-ce pas là dire que seuls des *corps* peuvent apparaître *dans* l'espace ? Des objets dotés d'une figure, d'une grandeur et entretenant certains rapports ne sont en effet rien d'autre que des corps, et si l'espace peut être pensé indépendamment des sensations, il semble bien qu'il ne puisse être « intuition pure *a priori* » que s'il est intuition du divers sous la forme de corps, *ce sans quoi il ne serait pas intuition.* De ce fait, l'espace comme intuition pure *a priori* n'est rien d'autre que ce par quoi le divers est déterminé *a priori* comme devant apparaître non pas de manière chaotique mais toujours déjà sous la forme de corps en droit géométrisables : l'espace ne donne pas le divers brut, il donne le divers sous une certaine forme qui est celle de la corporéité[1] se laissant penser en un second temps selon des relations géométriques. Et c'est là que se joue le renversement fondamental : *l'espace, chez Kant, n'est pas pensé à partir des corps, ce sont inversement les corps qui sont l'aspect sous lequel je suis contraint de me représenter le divers.* De ce fait, dire de l'espace qu'il est intuition pure *a priori, c'est faire de l'espace la présentation depuis laquelle le divers se présente nécessairement* (pour moi) *sous la forme de corps limités (qui limitent donc l'espace),*

---

1. Les questions que soulève le rapport du non-conceptuel et du conceptuel sortent de notre cadre et nous nous contentons de renvoyer aux § 24-26 de la *Critique de la raison pure* pour approfondir les problèmes techniques que cela soulève quant au rôle de l'entendement et donc de la synthèse dans les intuitions spatiales. La note du § 26, d'une très grande aridité, est néanmoins décisive pour comprendre la possibilité que les intuitions spatiales soient toujours déjà unifiées et, partant, qu'il *y ait toujours plus dans l'espace que la sensibilité.*

du fait même que les corps possèdent figure (délimitation)
grandeur et rapports.

Cela constitue un pas fondamental en faveur de l'autonomisation philosophique de l'espace et de l'élaboration de son sens moderne ou newtonien. Il n'y a en effet d'espace au sens moderne qu'affranchi des corps, et autonomisé. Mais, ainsi que nous l'avions signalé, cela ne suffit pas : il faut encore que l'espace soit un cadre infini, capable de tout accueillir. Mais imposer cette condition reviendrait à dire que l'espace n'est pas simplement ce *dans* quoi peuvent être intuitionnés des corps (dotés de grandeur) mais est aussi ce qui possède une certaine grandeur, laquelle avant même toute conceptualisation pourrait être dite infinie. Autrement dit, *seule une grandeur peut accueillir des corps dotés de grandeur*, et seule une grandeur infinie peut accueillir tout rapport de grandeur ; au total, seul l'infini est capable de l'universel.

Il ne s'agit donc pas de *construire* l'espace depuis des opérations mathématiques : ce dernier n'est pas une somme arithmétique de parties finies, ce sans quoi il serait comme chez Leibniz le résultat d'une agrégation intellectuelle. Il se donne inversement chez Kant selon une grandeur infinie qui ne relève donc pas d'une construction mais qui rend néanmoins intelligible la possibilité d'accueillir des corps de n'importe quelle grandeur. C'est pourquoi le quatrième moment de l'exposition métaphysique du concept d'espace introduit la célèbre formule d'un espace « représenté comme grandeur infinie *donnée* »[1] dont on comprend la nécessité dès lors qu'est comprise la nécessité que l'espace soit un cadre capable d'accueillir tout corps, quelle qu'en soit la

---

1. Kant, *Critique de la raison pure*, « Esthétique transcendantale »,
§ 2, AK III, 53 ; AK IV, 33 ; A 25/B 39 ; AR, p. 121.

grandeur. La formulation du propos a donné lieu à de longues et érudites analyses[1] afin de déterminer ce que pourrait être une telle grandeur infinie, mais l'essentiel est de comprendre que cette grandeur infinie est justement *donnée* et non *construite par une opération intellectuelle*.

DIFFICULTÉS LOGIQUES ET CONCEPTUELLES DE L'ESPACE KANTIEN

L'espace kantien peut-il être pensé indépendamment des corps ? Persistance des choses en soi

À l'issue du quatrième moment de l'exposition métaphysique de l'espace qui s'avère d'une exceptionnelle densité, Kant signifie à quel point il est éloigné de Leibniz en dépit d'une commune approche de l'espace comme idéalité et non comme réalité absolue. Autrement dit, Kant et Leibniz ratifient l'idée selon laquelle l'espace est une *manière de voir inhérente à l'esprit* et ne saurait avoir de sens en-dehors de celui-ci ; mais s'il s'agit pour Leibniz de médiatiser par une conception *a priori* les conditions de l'existence et de la corporéité, tout en les distinguant de l'extension effective des corps[2], il est en revanche question pour Kant d'une mise en relation avec les

---

1. *Cf.* en particulier M. Fichant, « L'espace est représenté comme une grandeur infinie donnée : la radicalité de l'Esthétique », *Philosophie* 56, Paris, Minuit, 1998, et, du même : « Espace esthétique et espace géométrique chez Kant », *Revue de Métaphysique et de Morale* 4/2004, p. 230-250.

2. « Par-là vous voyez en même temps qu'il y a dans le corps quelque chose d'antérieur à l'étendue. Et l'on peut dire que l'étendue est en quelque façon à l'espace, comme la durée est au temps. La durée et l'étendue sont les attributs des choses, mais le temps et l'espace sont pris comme hors des choses et servent à les mesurer. », Leibniz, *Entretien de Philareste et d'Ariste*, dans Leibniz, *Principes de la nature et de la grâce*, Paris, GF-Flammarion, 1996, p. 204.

phénomènes apparaissant *directement* selon des rapports d'extériorité et non d'une construction intellectuelle qui s'interposerait entre une étendue et moi.

Plus encore, Kant et Leibniz s'opposent quant à la nature même de l'espace : agrégation de places pour Leibniz, il est un et infini chez Kant pour qui il ne procède pas d'une composition. Ce point est décisif car il engage la question de l'infini ainsi que l'avait fort bien compris Leibniz : une composition de parties finies ne saurait conduire à un espace infini, si bien que pour être représenté comme infini, l'espace ne doit pas être le résultat d'une agrégation de parties finies. Leibniz l'avait déjà compris : « Dire que l'espace infini est sans parties c'est dire que les espaces finis ne le composent point, et que l'espace infini pourrait subsister, quand tous les espaces finis seraient réduits à rien. »[1].

Ainsi semble-t-il que, avec Kant, après la percée newtonienne, soit conquise par la philosophie une approche de l'espace pleinement achevée, à la fois autonome à l'endroit des corps et en même temps capable de se poser comme cadre infini accueillant la multiplicité du divers sous la forme de corps.

Pourtant, à mieux y regarder, et ainsi qu'y incline l'interprétation générale que nous faisons de l'espace, les choses se révèlent bien plus complexes que cela. D'abord, à l'instar de Leibniz, Kant n'accorde pas à l'espace de portée absolue et le maintient dans les limites d'une idéalité, radicalisant même le geste leibnizien puisque ce dernier accepte que, en l'absence de créatures, « l'espace et le temps ne seraient que dans les idées de Dieu. »[2]. Là-contre,

---

1. Leibniz, « Quatrième écrit à Clarke », § 11, *op. cit.*, p. 87.
2. *Ibid.*, § 41, p. 97.

Kant réduit l'espace à une forme de la sensibilité *spécifiquement humaine*, et en fait donc une structure conditionnée, n'ayant de sens que relativement à l'esprit humain, et ne pouvant en aucun cas être maintenue en l'absence de ce dernier.

Mais il y a plus : il est vrai que, chez Kant, l'espace est indépendant des corps puisque ce sont ces derniers qui, dans leur phénoménalité, sont conditionnés par celui-là. Mais cela ne saurait signifier que l'espace est pleinement autonome : en effet, s'il consiste à donner la forme de l'extériorité à ce qui est senti, alors encore faut-il qu'il y ait quelque chose de senti, l'extériorité ne pouvant être que l'extériorité *de quelque chose de senti*. Se révèle donc le fait que, si l'espace est condition de possibilité pour le divers d'apparaître comme une série de corps, il ne peut être une forme que s'il existe des choses en-soi qui « causent » des sensations (matière du phénomène) que l'espace me contraint de me représenter selon l'extériorité. En d'autres termes, en tant que forme structurant les sensations selon l'extériorité, l'espace ne saurait avoir de sens en-dehors du versant matériel des sensations qui, elles-mêmes, ne sauraient être comprises indépendamment des choses en soi. De là ce paradoxe d'un espace qui est d'un côté condition de possibilité des phénomènes et qui, de l'autre, dépend des choses en soi dont il conditionne l'apparaître.

De surcroît, la notion même d'extériorité révèle quelque ambiguïté : il est incontestable que les intentions kantiennes sont de penser l'extériorité par rapport à *nous*, sujets transcendantaux. Mais que peut signifier une telle extériorité ? Le sujet transcendantal n'est pas un phénomène, et n'est donc pas spatial. De ce fait, puisque l'extériorité n'a de sens que sur le plan de la spatialité, il est nécessaire que le référent par rapport auquel il y a extériorité soit lui-même spatial : or, le sujet transcendantal n'est pas spatial et rien ne peut donc lui être extérieur ; pour le dire autrement, il est difficile de comprendre quel sens peut avoir la qualification d'extérieur par rapport à un référent qui n'est pas lui-même spatial.

Une intuition peut-elle être une médiation ? L'indécision kantienne

L'ensemble du propos précédent repose sur une immense indécision quant à la nature même de l'espace. Outre les difficultés logiques et conceptuelles que soulève l'approche de Kant, se joue également un changement de statut selon l'aspect qui se trouve envisagé. Si l'on adopte en effet le point de vue quotidien du sujet, alors l'espace est bien une relation par laquelle semblent se manifester des phénomènes directement représentés comme extérieurs ; mais si l'on adopte le point de vue de l'analyse, alors cette représentation des phénomènes comme extérieurs ne peut aucunement être directe, et ne peut être que le résultat médiatisé d'une structuration de la représentation par l'esprit. Autrement dit, *il y a comme un hiatus entre l'expérience quotidienne que je fais des phénomènes et ce que révèle véritablement l'analyse qui ne peut penser l'espace que comme une médiation, un intermédiaire par l'action duquel les phénomènes sont représentés comme extérieurs.* Et c'est ce que confirme le début de l'analyse kantienne :

> Par l'intermédiaire [*Vermittelst*] du sens externe [*aüßeren Sinnes*] (une propriété de notre esprit), nous nous représentons [*stellen*] des objets comme extérieurs à nous, et nous nous les représentons tous dans l'espace [*im Raume*].

Il est ici essentiel de comprendre que pour pouvoir se représenter des objets *comme extérieurs*, un *intermédiaire* est requis et cet intermédiaire ne peut être qu'une médiation entre les objets pris pour eux-mêmes et la manière dont je me les représente. À ce titre, l'espace en tant que forme du sens externe est un moyen par lequel un certain type de représentation est possible. Partant, l'espace est nécessairement une *médiation* entre ce que sont les choses en elles-mêmes et la manière dont nous nous les représentons ; mieux encore, il est le *prisme* depuis lequel je suis acculé à me représenter les choses en soi et, à ce titre, il est une *médiation structurante* : il me contraint à me représenter ce que je sens des choses en soi sous une perspective spatiale, donc à me les représenter comme étendues dans un milieu qui m'est extérieur. L'espace *est* donc bien une médiation sans laquelle il serait incompréhensible que ce que je sens des choses en soi m'apparaisse comme extérieur mais, en un autre sens, il ne l'*est pas*, car il est ce par quoi les objets sont *directement* représentés comme extérieurs, donc comme *phénomènes* du sens externe.

En réalité, l'indécision tient à ce qu'il faut entendre par objet : si l'objet désigne la chose en soi, alors l'espace *est une médiation* car il est le prisme par lequel je suis contraint de me représenter ce que je sens des choses en soi selon l'extériorité ; si en revanche l'objet renvoie au phénomène, donc à ce qui est par définition l'objet (indéterminé) d'une intuition empirique, alors l'espace n'est plus un prisme entre la chose en soi et moi mais bien la donation *immédiate* de l'objet au sens externe.

Apparaît ainsi un double niveau de discours : *du point de vue de la pure analyse, l'espace est une médiation* entre la chose en soi et moi par laquelle les sensations (issues de la chose en soi) sont représentées comme extérieures ; le phénomène n'est alors rien d'autre que le *résultat* de cette manière qu'a l'espace de structurer la manifestation de la chose en soi selon l'extériorité. Mais justement : du point de vue de la description quotidienne du vécu conscient, c'est-à-dire du point de vue phénoménologique, les objets du sens externe m'apparaissent immédiatement comme des phénomènes, immédiatement comme extérieurs, ce qui revient à dire que *je n'ai pas conscience d'interpréter les choses en soi selon l'extériorité.*

Que reçoit le sujet par la réceptivité spatiale ? L'immédiateté comme réceptacle de la médiation

Ce double niveau de discours est extrêmement délicat à comprendre car, si l'espace est bel et bien une forme, cela ne peut signifier qu'une chose, à savoir qu'il exerce une *formation* et, partant, qu'il *structure* la manière dont nous nous représentons la manifestation des choses en soi. Pour le dire autrement, la formation qu'exerce l'espace en tant que forme porte sur la matière du phénomène qu'exprime la sensation, et cette structuration est au fond une interprétation non conceptuelle de ce que l'on sent : nous interprétons nos sensations (matériellement issues de la chose en soi) comme extérieures. Mais Kant ne cesse de dire par ailleurs que l'espace et le temps sont les deux formes de la « réceptivité du sujet », donc les deux façons de structurer la manière dont le sujet peut recevoir des objets : par l'espace, les objets se donnent *comme extérieurs* et par le temps ils se donnent *comme internes*. En somme, par la réceptivité le sujet ne reçoit pas des objets mais il *reçoit le résultat de sa propre configuration des objets* ; mieux encore, la réceptivité dit la capacité du sujet à recevoir la façon dont il se représente les objets, ce en quoi la réceptivité possède quelque dimension tautologique : par la réceptivité, le sujet reçoit ce qu'il peut se représenter. Tel est le sens étrange de la *donation*. Concrètement, par la réceptivité, le sujet ne reçoit pas les choses comme telles mais il se voit donner des phénomènes *toujours déjà configurés selon l'extériorité et l'intériorité*. Par conséquent, la réceptivité n'a pas de sens au regard des choses en soi, car *les choses en soi ne sont jamais reçues comme telles mais toujours nécessairement passées au prisme de l'espace et du temps*. De ce fait, la réceptivité est capacité à recevoir des phénomènes toujours déjà configurés par l'esprit, mais cela n'a de sens que si la réceptivité est réception passive du résultat d'une opération accomplie par l'esprit.

Au total, les phénomènes ne sont pas des données immédiates mais sont le résultat de la façon dont l'esprit se représente ce qu'il sent des choses en soi. De ce fait, la réceptivité transcendantale est à bien des égards réflexive : l'esprit se rapporte à ce qu'il se représente lui-même, c'est-à-dire au résultat de la configuration des choses en soi selon l'espace et le temps, bien que du point de vue de l'expérience quotidienne ce résultat n'apparaisse pas comme tel ; les choses *semblent* se donner immédiatement comme extérieures (ou intérieures), sans que ne soit « perceptible » le rôle de l'esprit dans une telle représentation. Significative à cet égard est l'élimination du problème de la chose en soi à la toute fin de l'exposition métaphysique du concept d'espace, élimination grâce à laquelle Kant impose de ne retenir que le point de vue phénoménologique et d'évacuer le problème de la chose en soi en rappelant au sujet de celle-ci qu'il s'agit d'un « corrélat au sujet duquel on ne s'interroge jamais dans l'expérience »[1]. Autrement dit, il n'y a de réceptivité et de passivité qu'au regard des *phénomènes*, donc qu'au regard de ce qui a déjà été configuré par l'esprit, si bien que l'enjeu de la réceptivité est celui de ressaisir comme *directement donné* le résultat d'une structuration selon les formes de la sensibilité que sont l'espace et le temps.

Concluons sur ce point. Puisque le phénomène n'est pas autre chose que la chose en soi perçue selon les formes *a priori* de la sensibilité, c'est donc que l'espace n'est nullement passif à l'endroit de ce que l'on sent de la chose en soi – et concrètement de la sensation – puisqu'il présente la chose en soi selon un certain prisme : il est donc structurant à l'endroit de la manière dont je me rapporte à la chose en soi et il n'est une forme de la réceptivité qu'au regard de l'accueil du résultat de sa propre structuration.

Un point crucial mérite néanmoins d'être précisé : l'espace, comme forme de la sensibilité, n'agit évidemment pas *sur* les choses en soi comme telles, mais il agit sur la *représentation* que je m'en fais, c'est-à-dire qu'il agit sur le sens que j'attribue aux sensations. Par ce biais, l'espace est bien une médiation par le prisme de laquelle est structurée la manière dont je me représente les choses en soi – et donc par laquelle je me représente comme étendues et extérieures les sensations issues de ces dernières ; ce faisant, l'espace structure une représentation et est doté d'une certaine « activité » quoique non intellectuelle, tout en étant forme de la réceptivité à l'endroit du résultat de sa structuration, c'est-à-dire passivité devant les phénomènes extérieurs qui affectent le sujet. Bref, *que les phénomènes*

---

1. Kant, *Critique de la raison pure*, AK III, 57 ; AK IV, 34 ; A 30/B 45 ; AR, p. 125.

du sens externe soient intuitivement donnés n'implique
absolument pas que les phénomènes soient eux-mêmes
immédiats : ils sont le résultat d'une configuration de la
représentation par l'espace[1], et une telle configuration
suppose un minimum de structuration *active* de la part de
ce dernier. L'espace est donc ce cadre intuitif par lequel
se donne directement le résultat de l'activité complexe de
phénoménalisation des choses en soi.

Par ce biais, Kant retrouve peut-être involontairement,
et pour de tout autres motifs, un point majeur de la réflexion
newtonienne qui, à partir de la distinction entre espace
relatif et espace absolu, avait fait de celui-là un cadre passif
de réception et de celui-ci un cadre actif, principe causal
des systèmes inertiels.

REPRISE HÉGÉLIENNE
DE L'ESTHÉTIQUE TRANSCENDANTALE

Immédiateté et médiation de l'espace : la synthèse
hégélienne

Ce qui est apparu au terme de la longue analyse consacrée
à l'approche kantienne de l'espace tient en deux éléments
centraux :
– L'ambition kantienne consiste à penser un espace
indépendamment de tout élément empirique, afin de
déterminer comment l'esprit nous contraint à nous

---

1. Cet aspect décisif sera précisé dans la note cruciale du § 26 de la
Critique de la raison pure, établissant que, loin de recevoir passivement
le divers, l'espace est représenté avec l'unité du divers, ce qui revient à
dire que l'intuition spatiale est intuition de l'unité du phénomène, et que
l'on ne saurait comprendre l'espace sans l'opération de la synthèse
unifiante.

représenter ce qui se manifeste empiriquement. À cet égard, deux contraintes sont identifiées : d'une part nous nous représentons nos sensations comme extérieures (forme *a priori* de la sensibilité), et d'autre part tout ce qui apparaît dans l'espace ne peut apparaître que comme une série de corps, donc de figures dotées de grandeurs et entretenant certains rapports (intuition pure *a priori*).

– Mais en même temps, cette ambition de penser l'espace indépendamment de toute dépendance empirique ne signifie pas que l'espace soit pensable indépendamment des choses en soi : ce n'est en effet que parce que celles-ci sont à l'origine des sensations que l'extériorité peut avoir un sens. Autrement dit, seules des sensations issues de choses en soi peuvent être représentées comme extérieures, l'extériorité étant nécessairement extériorité *de quelque chose*. Cette dépendance de l'espace à l'endroit des choses en soi rejaillit sur la passivité du sujet : si la réceptivité de ce dernier consiste à pouvoir recevoir les choses en soi sous une forme qu'il a lui-même configurée – spatialement et temporellement –, c'est donc que le sujet reçoit, passivement, le résultat de son opération.

Les ambiguïtés que nous venons d'évoquer se trouvent fort subtilement décortiquées dans le premier chapitre de la *Phénoménologie de l'esprit* de Hegel. La « Certitude sensible », qui peut être conçue comme une réécriture presque parodique de « L'Esthétique transcendantale » de Kant, ne part pas tant de l'espace et du temps que de la description du savoir conscient le plus universel et le plus immédiat possible, c'est-à-dire celui de l'étant en tant qu'il est *consciemment senti*. Mais, dans le même geste, Hegel réutilise une *tonalité* kantienne en évoquant dès les premières lignes le « mode de l'*immédiateté* [unmitterlbar] et de l'*accueil* [aufnehmend] »[1] de l'étant, c'est-à-dire la conscience qu'éprouve le sujet sentant de se rapporter *immédiatement* à une série de phénomènes qu'il voit, entend, touche, etc. De ce fait, Hegel réinvestit la dimension intuitive du rapport aux phénomènes, mais restreint cette dernière à la description de ce qu'éprouve au quotidien et de manière non analytique le sujet conscient.

Si, en revanche, la description de ce qu'éprouve le sujet sentant se trouve ressaisie par le philosophe pour être analysée, alors la conscience d'une immédiateté se voit contrebalancée par la mise au jour d'une double médiation que le philosophe a pour tâche de restituer. Autrement dit, Hegel assume et thématise le rapport à la fois passif et actif, intuitif et médiat, entre le sujet et l'étant qu'il « sent ». S'il est vrai que le sujet (que Hegel appelle « Moi ») reçoit immédiatement l'objet (que Hegel appelle « ceci »), et que se crée ainsi un face-à-face direct, il est également vrai que ce face-à-face entre l'objet et le sujet repose sur une série de médiations structurantes que « nous », philosophes, pouvons comprendre :

> Si nous réfléchissons, *nous*, sur cette différence [entre le Moi et l'objet], il se révèle que ni l'un ni l'autre ne sont seulement *immédiats* [unmitterlbar] dans la certitude sensible, mais qu'ils y sont en même temps *médiatisés* [*zugleich als* vermittelt] : moi, j'ai la certitude *par l'intermédiaire* [durch] d'un autre facteur, à savoir la Chose [*die Sache*], et celle-ci est de même dans la certitude *par l'intermédiaire* [durch] d'un autre, à savoir le Moi que je suis[2].

1. Hegel, *Phénoménologie de l'esprit*, « La certitude sensible », trad. fr. B. Bourgeois, Paris, Vrin, 2006, p. 131.
2. Hegel, *Phénoménologie de l'esprit*, « La certitude sensible », *op. cit.*, p. 133.

Pour bien comprendre cette formule d'une grande densité, il faut d'abord avoir en tête l'ambition hégélienne qui consiste à restituer l'expérience consciente que le sujet fait du monde, aussi bien sur le plan naïf des impressions immédiates que sur celui de l'analyse révélant les nécessités à l'œuvre qui se conjuguent avec les naïvetés initiales. Ainsi le sujet sentant peut-il être pensé dans l'expérience quotidienne et donc sans recul, comme sous l'angle de l'analyse, sans que celle-ci ne contredise celle-là. Illustrons le propos : lorsque je *vois* (mode du sentir) ceci ou cela, j'ai l'impression que ce que je vois dispose d'une présence immédiate et qu'il n'y a rien d'autre qu'un *face à face* entre l'étant que je vois et moi. C'est là ce que Hegel appelle le « mode de l'immédiateté et de l'accueil », à savoir cette impression que rien ne s'interpose entre l'objet senti et moi, de sorte que le rapport le plus simple au monde soit celui de la sensation par lequel se donnent à moi une infinité d'objets sans intermédiaire. Mais, si le philosophe, le fameux « nous » du texte, s'empare de cette prétendue immédiateté, que comprend-il ? S'imposent à lui deux éléments ou, plus exactement, deux médiations :

1) Si un sujet dit « sentir » quelque chose, s'il dit voir ou entendre ceci ou cela, c'est donc qu'il sent *quelque chose* et, de ce fait, la relation n'est pas une relation d'immédiateté entre le sujet et ce qu'il sent, mais suppose bien plutôt qu'il y ait *quelque chose : ce que sent le sujet (sa sensation) est nécessairement médiatisé par la Chose elle-même*. En d'autres termes, le philosophe montre que la sensation et la Chose ne sont pas identiques : il n'y a de sensation pour le sujet que s'il y a une Chose à sentir, si bien que la relation n'est pas duelle (sujet / objet) mais triangulaire : sujet, Chose, sensation de la Chose.

2) Mais en même temps, la présence de la Chose ne suffit pas à expliquer qu'elle soit *sentie* par le sujet ; encore faut-il que ce dernier soit *capable* de la sentir. Autrement dit, la Chose n'est pas affirmée par un sujet uniquement parce qu'elle est présente ; elle est affirmée par un sujet parce que ledit sujet dispose d'une capacité à sentir ce qui est présent, si bien que la Chose n'est sentie qu'en vertu de la structure sensible du sujet.

De ce fait, si la sensation du sujet est médiatisée par la présence même de la Chose, l'affirmation de la présence de la Chose est médiatisée par la capacité du sujet à s'y rapporter – à la sentir. Sans Chose, il n'y aurait rien à sentir et la sensation serait vide ; mais sans capacité à sentir, la Chose pourrait bien être présente sans être pour autant sentie – donc « sue ».

L'impossible autonomie de l'espace

Plusieurs remarques doivent ici être formulées. La première est que Hegel emploie en allemand le terme *Sache* et non le terme *Ding*. Dans la mesure où Kant emploie *Ding an sich* pour parler de la « chose en soi », cela veut dire que la Chose dont parle Hegel n'est pas identique à la chose en soi de Kant : la *Sache* de Hegel est ce dont le sujet se préoccupe, l'objet de son attention. Mais Hegel ne statue pas quant à sa nature : il ne vise pas ici à défendre l'existence d'une chose en soi inconnaissable ni même l'existence d'un absolu qui serait l'intermédiaire entre le sujet et ses propres sensations. Il ambitionne en revanche de rendre compte de la double nécessité logique voulant qu'il n'y ait de sensations que depuis une Chose à sentir, et d'affirmation de la présence des Choses que depuis une capacité du sujet à les sentir.

La seconde, qui nous intéressera peu dans le présent propos, consiste à indiquer que Hegel reprend un élément central du kantisme, à savoir que c'est le sujet qui affirme de l'objet qu'il *lui* est extérieur ; autrement dit, *l'extériorité par laquelle se trouve représentée la Chose est relative au sujet et n'a de sens que par rapport à ce dernier* (ce qui prouve, si besoin en était, que ni Kant ni Hegel ne déterminent l'espace comme *partes extra partes*) ; cela revient à dire que *l'espace est aussi ce par quoi le sujet se différencie lui-même de la Chose* : en la posant *comme extérieure*, il s'en distingue, tout en posant ce qui est distinct de lui comme étant l'être lui-même[1]. La représentation spatiale de la Chose est donc un processus de différenciation par lequel la Chose est posée par le sujet comme lui étant extérieure, donc opposée à lui, mais par lequel aussi le sujet pose l'être face à lui.

La troisième consiste à remarquer que, en un premier temps, l'espace et le temps ne sont pas mentionnés par Hegel : ils apparaissent quelques pages après le début de la « Certitude sensible » sous les noms d'« ici » et de « maintenant », Hegel montrant ainsi que, la présence de la Chose médiatisant la sensation, il ne peut y avoir de sensation que dans le présent (« maintenant ») et la présence (« ici »). Cela revient à dire que le sujet, dans son expérience quotidienne de la sensation, n'a pas tort de penser que

---

1. Dans une remarque de l'*Encyclopédie des Sciences philosophiques*, Hegel condense cette analyse : « [...] le Moi sépare de soi ce matériau et lui donne tout d'abord la détermination de l'*être*. [...]. L'objet n'est ici à prendre, tout d'abord, que suivant le Rapport qu'il a avec la *conscience*, à savoir d'être un être *extérieur* à elle, de ne pas être encore déterminé comme un être en lui-même extérieur ou comme un être-extérieur-à-soi. », dans Hegel, *Encyclopédie des Sciences philosophiques*, [1827/1830], tome III, *Philosophie de l'Esprit*, § 418, Remarque, trad. fr. B. Bourgeois, Paris, Vrin, 1988, p. 224.

sentir signifie accueillir immédiatement les objets tels
qu'ils se donnent à lui ; mais puisqu'il n'y a de sensation
que par la médiation d'une Chose à sentir, encore faut-il
que le sujet soit capable d'accueillir une telle présence et
dispose d'une ouverture à ce qui est présent. En d'autres
termes, *la capacité du sujet n'est rien d'autre que sa
capacité à se rapporter à la présence et au présent, à l'ici
et au maintenant*, capacité dont la nécessité se fait sentir
par la médiation de la Chose en tant qu'elle est *présente*
et ne peut donc être affirmée comme présente que par un
sujet capable de sentir ce qui est présent.

  Cela signifie que Hegel rend *manifeste et explicite* le
présupposé que Kant avait cherché à occulter : *l'espace
n'est pas pensable indépendamment de ce qu'il accueille*,
et est donc nécessairement médiatisé par ce qu'il a pour
charge de recevoir *sous une certaine forme*. Autrement
dit, en assumant pleinement que l'espace soit ce par quoi
un rapport à la présence de la Chose soit possible, Hegel
montre que l'espace ne peut pas être pensé de manière
autonome et ne peut être pensé que depuis la présence de
la Chose. À ce titre, l'espace n'est jamais que la capacité
du sujet à se rapporter à ce qui est « ici », *et c'est parce
qu'il peut sentir ce qui est ici qu'il peut affirmer la présence
de la Chose.* C'est cela le sens de la double médiation qui
permet de penser *ensemble*, dans un mouvement général,
la Chose, le sujet et les sensations du sujet. Ce faisant,
Hegel met en scène son rejet de l'analyse kantienne qui
consiste à *isoler* le sujet transcendantal, et à penser la
structure de son esprit *indépendamment* de la réalité vécue
du sujet conscient. Là-contre, Hegel *montre que la forme
ne peut être pensée qu'avec le contenu* et réintègre
l'expérience naïve de la sensation, la décortique et révèle
que, bien analysée, elle conduit dialectiquement à la

nécessité de cette double médiation qui signifie tout simplement *l'impossibilité de penser l'espace (et évidemment le temps) de manière autonome.*

Mais il nous faut aller plus loin encore. L'essentiel du propos hégélien consiste à ramener la sensation à une représentation, et à montrer qu'une représentation *représente quelque chose*; ce faisant, il interdit de désolidariser l'esthétique comme science des sensations de *ce dont* il y a sensation. Si l'espace est une capacité du sujet de se rapporter à ce qui est « ici », encore faut-il qu'il y ait quelque chose, et donc que la Chose en tant que présente soit *représentée* comme étant « ici ». Se pose alors la question de savoir quel type de Choses peut être représenté « ici » : de toute évidence, seules des Choses « matérielles » peuvent être représentées comme étant « ici », ce qui nous impose d'investiguer le lien consubstantiel entre la matérialité et l'espace, et de revenir ainsi à l'analyse cartésienne faisant de l'espace une certaine manière de penser la chose matérielle.

RESTITUER LA PLACE CENTRALE
DES CHOSES MATÉRIELLES : L'APPROCHE CARTÉSIENNE

Problématique spécifique du second livre des Principes de la Philosophie

À bien des égards, l'analyse hégélienne replace l'objet au centre de l'analyse, et montre plus qu'elle ne le dit l'impossibilité de penser l'espace et le temps comme tels. De là la nécessité de partir de la Chose et de décortiquer la manière dont elle se montre, et de remettre l'espace à sa véritable place, à savoir un élément *subordonné* à la présence de corps sensibles.

Ce faisant, Hegel retrouve des préoccupations très cartésiennes qui, loin de chercher à penser l'espace comme tel, partent de la présence des choses pour restituer la manière dont l'esprit se les représente. Fort significativement, ce n'est qu'à la faveur d'une interrogation sur la présence même des corps qu'émergent progressivement chez Descartes les notions d'étendue puis d'espace. Tel est l'enjeu du livre II des *Principes de la Philosophie* dont le présent ouvrage restitue un extrait.

Le livre II des *Principes de la Philosophie* est consacré aux fondements de la physique et donc à la possibilité de se représenter des corps matériels, mais aussi à celle de se représenter leur mouvement. Intitulé « des principes des choses matérielles », il envisage d'abord de fonder la créance en l'existence des choses matérielles associées aux corps tout en développant ce que signifie se représenter une chose matérielle. L'enjeu est de taille car si le livre I, essentiellement métaphysique, a développé les principes conduisant à l'existence de Dieu ainsi qu'à celle de l'esprit, celle des corps, elle, demeure douteuse et s'il est *certain* que nous nous *représentons* des corps, il n'est pas encore certain que de telles représentations correspondent bel et bien à quelque chose de réel. À cet effet, le premier article du livre II doit comme combler la béance que laisse ouverte le livre I, en ceci qu'il s'agit désormais de garantir que, lorsque les représentations portent sur quelque chose d'autre que nous, leur objet soit réel. Par conséquent, le véritable problème qu'affronte Descartes en ouvrant le livre II est davantage celui de l'altérité que de l'extériorité : nos représentations semblent indiquer que quelque chose d'*autre* que nous et que Dieu existe mais une telle altérité ne semble pas faire l'objet d'une démonstration directe, si bien que s'ouvre une double question :

– Que signifie se représenter un corps matériel autre que nous ?

– Quelle réalité accorder à l'objet de telles représentations ?

L'article 1, d'une exceptionnelle densité, va donc à la fois exposer ce que signifie se représenter un corps matériel et *indirectement* démontrer qu'il est raisonnable de croire qu'il existe un objet conforme à de telles représentations. Autrement dit, il existe bel et bien des corps matériels, conformes à ce que nous en concevons :

> Premièrement nous expérimentons [*sentimus*] en nous-mêmes que tout ce que nous sentons vient de quelque autre chose [*a re aliqua*] que de notre pensée ; parce qu'il n'est pas en notre pouvoir de faire que nous ayons un sentiment [*sentiamus*] plutôt qu'un autre et que cela dépend de cette chose [*a re illa*], selon qu'elle touche nos sens[1].

Examinant les représentations des corps matériels, Descartes commence par une sorte de phénoménologie par laquelle il expose la croyance que nous associons à de telles représentations : quelque chose d'autre que nous nous affecte, si bien que la représentation des corps matériels fait signe en direction d'une altérité à l'endroit de l'esprit. Or le livre I avait déjà rendu compte d'une altérité en démontrant l'existence de Dieu. Par conséquent, soit ce que nous nous représentons sous la forme de corps matériels est réel, auquel cas il s'agit soit de Dieu soit d'autre chose, soit nous sommes trompés et Dieu qui est l'auteur de notre esprit doit être conçu comme trompeur. Ainsi, avant même

---

1. Descartes, *Principes de la Philosophie*, II, art. 1, AT IX-II, 63 ; dans Descartes, *Œuvres*, tome III, F. Alquié (éd.) (désormais notée FA III), Paris, Classiques Garnier, 1973, p. 146, reproduit *supra*, p. 17.

d'être une question d'*extériorité*, les corps matériels constituent un problème d'*altérité* : quelque chose d'autre que nous semble exister, et ce quelque chose constitue du reste l'objet dont prétend traiter la physique. De ce fait, l'enjeu de l'existence des corps matériels est celui de la portée de la physique : s'ils n'existent pas réellement, alors toute la physique devient comme un jeu intellectuel dont la portée réelle est nulle. Comment alors garantir que les corps matériels que nous nous représentons sont bel et bien réels ?

Pour répondre à pareille question, Descartes va simultanément élucider la manière dont nous nous représentons de tels corps :

> [...] à cause que nous sentons, ou plutôt que nos sens nous excitent souvent à apercevoir clairement et distinctement [*clarè ac distincte percipimus*], une matière [*materiam*] étendue en longueur [*extensam in longum*], largeur [*latum*] et profondeur [*profundum*], dont les parties ont des figures [*variis figuris*] et des mouvements divers, [...] si Dieu présentait à notre âme immédiatement par lui-même l'idée [*ideam*] de cette matière étendue [*materiae extensae*], ou seulement s'il permettait qu'elle fût causée en nous par quelque chose [*a re aliqua*] qui n'eût point d'extension [*in qua nihil esset extensionis*], de figure, ni de mouvement, nous ne pourrions trouver aucune raison qui nous empêchât de croire qu'il ne prend point plaisir à nous tromper [...][1].

Très dense, le passage doit être patiemment décortiqué :

1) Par les sens nous nous rapportons à ce que nous considérons être de la matière. Autrement dit, nous nous représentons ce qui affecte nos sens comme étant de nature

1. *Ibid.*, p. 147 ; *supra*, p. 17-18.

matérielle. Il y a donc bien un *raisonnement causal à l'œuvre* : nous considérons que la *matière* est la cause des sensations et les sensations sont les effets qu'engendre la matière sur nos sens.

2) Nous nous représentons la matière à deux niveaux : au premier niveau, la matière est *étendue*, et elle s'étend selon les trois dimensions de la perception : longueur, largeur, profondeur. Mais au second niveau, on comprend que la matière, pourtant unique, est comme découpée en figures distinctes et forme donc des corps distincts les uns des autres. Ainsi, les fameux corps matériels sont-ils des modulations d'une sorte de matière unique selon des distinctions de figures et de mouvements.

3) Il nous est par ailleurs impossible de nous représenter la matière autrement que comme étendue. De ce fait, quand j'ai une sensation et que je juge qu'elle est causée par un élément extérieur, mon jugement contient deux affirmations : 1) Seule la matière peut causer des sensations ; 2) cette matière est étendue selon une tridimensionnalité.

4) L'examen de ce jugement conduit donc à déterminer si 1) il y a bien de la matière et si 2) la manière dont je me la représente est la bonne. Autrement dit, pour que Dieu ne soit pas trompeur, il faut 1) que ce soit bien la matière qui cause les sensations et 2) que la matière soit bien étendue selon les trois dimensions, donc conforme à la manière dont je suis contraint de me la représenter.

On pourrait à ce stade faire remarquer que l'on n'a pas éliminé la possibilité que cette matière fût divine. Ce serait oublier que dans le livre I fut analysée l'idée de Dieu dont la décomposition avait révélé qu'il était impossible que Dieu fût corporel (article 23). Loin d'être gratuite, cette affirmation reposait sur le fait qu'un corps de nature matérielle supposait l'étendue et donc une divisibilité incompatible avec la perfection divine :

> [....] parce que l'extension constitue la nature du corps [*in natura corporea*], et que ce qui est étendu peut être divisé en plusieurs parties [*cum locali extensione divisibilitas includitur*], et que cela marque du défaut, nous concluons que Dieu n'est point davantage un corps[1].

Il en découle que la matière que je me représente comme étendue et, plus encore, sous forme de corps en vertu des multiples figures qu'elle adopte, ne saurait être la matière divine puisque Dieu ne peut pas être conçu comme un corps ce sans quoi il pourrait être morcelé en une infinité de figures distinctes les unes des autres. Mais comment déterminer alors s'il y a bien de la matière et si cette dernière est bel et bien étendue ? Impossible serait une preuve directe de cette détermination, c'est-à-dire une preuve de la parfaite adéquation de mes représentations aux objets réels qu'elles me représentent. Mais, parce que Dieu a été démontré comme ne pouvant pas être trompeur du fait même que la *volonté* de tromper serait contraire à un être parfait (*cf.* livre I, Art. 29), il en découle que nous avons raison de nous représenter la matière comme réalité extérieure causant nos sensations et de nous représenter cette matière comme étendue et distribuée selon des figures formant des corps.

On comprend ainsi que l'entame du livre II vise moins à définir les corps et la matière qu'à prouver qu'il ne s'agit pas d'une illusion de la représentation. Le livre I avait en effet déjà proposé une définition des corps matériels, mais celle-ci était restée cantonnée à la *description* de la représentation que s'en fait l'esprit sans véritablement démontrer

---

1. Descartes, *Principes de la Philosophie*, I, art. 23, AT IX-II, 35 ; FA III, 105.

qu'une telle représentation était conforme à l'objet représenté. Ainsi, l'article 53 du livre I avait indiqué que l'attribut principal des corps, par lesquels nous pouvons nous les représenter, est l'extension elle-même décrite selon la tridimensionnalité de la longueur, de la largeur et de la profondeur. Une nécessité représentationnelle avait été établie et la nature des corps telle que l'esprit nous amène à nous la représenter avait été circonscrite[1]. Mais à l'entame du livre II est conquise par les voies indirectes d'un Être parfait non trompeur l'existence réelle des corps, dont la substance est réellement étendue. Ce faisant, *Descartes ne vise pas à donner un sens à l'espace comme tel mais à rendre compte de la manière dont nous nous représentons les corps et à garantir, fût-ce par des voies indirectes, qu'une telle représentation dit quelque chose de la réalité* : il y a de la matière, cette matière est étendue et peut donner lieu à une série de corps matériels distincts les uns des autres. Une physique est donc possible.

Conséquences de l'approche cartésienne

Il faut néanmoins se rappeler que Descartes était parti des sens et des sensations conscientes qu'il avait causalement posées comme étant l'effet de la matière. Mais le fait est que, si l'on avait à décrire sur le plan empirique les sensations, elles excéderaient de loin la question d'une matière tridimensionnelle et devraient intégrer la rigidité, la lourdeur, les couleurs, etc. Descartes va alors effectuer

---

1. « Mais encore que chaque attribut soit suffisant pour faire connaître la substance, il y en a toutefois un en chacune qui constitue sa nature et son essence [*naturam essentiamque*], et de qui toutes les autres dépendent. À savoir, l'étendue en longueur, largeur et profondeur, constitue la nature de la substance corporelle [*substantiae corporae naturam constituit*]. », cf. *Principes de la Philosophie*, I, art. 53, AT IX-II, 48 ; FA III, 123.

une analyse conceptuelle de ce qui, dans la représentation d'un corps, est universellement nécessaire, afin de le distinguer de ce qui est contingent et donc d'établir une distinction entre ce que je ne peux pas ne pas me représenter au sujet d'un corps et ce que je pourrais ne pas me représenter. L'article 4 du livre II mène cette analyse et montre de manière fort convaincante que si je peux concevoir un corps sans dureté ou sans pesanteur, voire sans chaleur, je ne puis en revanche concevoir un corps qui ne fût pas étendu selon les trois dimensions mentionnées. Apparaît une distinction entre les propriétés universellement nécessaires d'un corps – que l'on appellera plus tard « qualités premières » – et celles qui ne sont jamais qu'une certaine manière de décrire notre représentation contingente de ces corps – ce qu'on appellera « qualités secondes ». De là la conclusion de l'article 4 : la nature d'un corps « consiste en cela seul qu'il est une substance qui a de l'extension. »[1].

Plusieurs remarques peuvent être ici avancées. Premièrement, Descartes met en place une manière de faire qui sera reprise aussi bien dans l'idéalisme allemand que dans la phénoménologie, à savoir qu'il *décrit des impossibilités de représentation afin d'établir des nécessités*. Il est impossible de se représenter un corps autrement que comme étendu, ce qui signifie que la représentation d'un corps comme étendu est une nécessité de l'esprit. Et, en vertu d'un Dieu non trompeur, il est raisonnable d'accorder foi à cette représentation au sens où elle dit quelque chose de juste au sujet de la réalité : par le Dieu non trompeur, la représentation n'est pas enfermement dans l'esprit.

---

1. Descartes, *Principes de la Philosophie*, II, art. 4, AT IX-II, 65 ; FA III, 150 ; *supra*, p. 20.

Deuxièmement, par cette distinction entre ce que je suis contraint de me représenter quand je me représente un corps – extension tridimensionnelle – et que j'attribue donc à la nature interne du corps, et ce qui ne relève que de ma représentation selon les circonstances contingentes, apparaît un débat dont la postérité se fait toujours sentir aujourd'hui, débat portant sur la distinction entre les qualités première et seconde. Très vite, la philosophie s'empare de cette question et l'on en trouve de subtiles discussions notamment chez Locke[1], Berkeley[2] ou Leibniz[3].

Troisièmement apparaît aussi une ambiguïté dans l'idée même de nature des corps définie depuis le concept de substance étendue. Si l'on regarde non seulement la définition (extension tridimensionnelle) mais aussi les dérivations immédiates (figures, mouvements), alors on comprend immédiatement que tout ce qui permet de définir un corps est en même temps ce qui permet de le *mesurer* : définir un corps selon une extension tridimensionnelle, c'est le définir selon son volume, et tout volume est mesurable. De même, une figure comme un mouvement font l'objet de mesures possibles. Mais l'extension est-elle alors une qualité ou une quantité ? À vrai dire, elle est les deux à la fois : elle est une qualité première en tant qu'elle est la nature même du corps, c'est-à-dire la nécessité intellectuelle depuis laquelle je puis me le représenter. Mais elle est aussi une quantité puisque définir le corps depuis son extension, c'est le définir depuis *ce qui peut être saisi par la mesure.* Ainsi se comprend l'enjeu crucial

1. *Cf.* Locke, *Essai sur l'entendement humain*, II, XXX, § 2.
2. *Cf.* Berkeley, *Principes de la connaissance humaine*, I, § 9-16.
3. *Cf.* Leibniz, *Nouveaux essais sur l'entendement humain*, II, chap. 1-8.

de la révolution moderne qui consiste à *transposer sur le domaine du mesurable la notion même de qualité* : loin de refuser l'idée même de qualité, les penseurs modernes en font varier le sens, l'arrachent à l'obscurité de propriétés internes et inobjectivables pour en faire une sorte de rencontre entre la nature des choses et leur objectivation quantitative. En disant donc qu'un corps est d'abord et avant tout une substance étendue, Descartes pose cette équation inouïe voulant que la qualité puisse se saisir quantitativement, voulant que *ce qui fait d'un corps un corps soit en même temps une quantité mesurable*.

Enfin apparaît une question inéluctable au regard de ce qui précède : si les corps sont définis depuis la substance étendue qui les constitue, alors *qu'y a-t-il entre les corps ?* Un rapide examen de nos représentations nous montre que nous avons tendance à considérer qu'entre les corps il y a une étendue ; or il n'y a d'étendue que parce qu'il y a de la matière, puisque l'extension est l'attribut premier de la matière et ne se conçoit pas sans elle. De ce fait, la logique même de la conceptualité cartésienne consiste à nier la possibilité même du vide : la matière comme substance étendue est partout, et elle se module selon des figures et des mouvements infiniment différenciés. Mais, afin d'en bien comprendre les motivations et la portée, il nous faut restituer le contexte dans lequel s'élabore l'argumentation pléniste des écrits cartésiens.

PLÉNISME OU VACUISME :
« DE QUOI LE VIDE EST-IL PLEIN ? »[1]

Historiquement parlant, et pour donner un nom aux positions mentionnées à l'endroit du vide, on a appelé « plénisme » la position considérant que l'espace est dénué de vide, que l'existence même du vide est impossible ; cette position dont Aristote constitue la figure séminale, s'est longtemps incarnée par la formule « la nature a horreur du vide » dont la postérité se compte en millénaires, et dont les héritiers après le moment scolastique seront Newton, Descartes et Hobbes. Inversement, on a appelé « vacuisme » la position issue des épicuriens et défendue notamment par Pascal, Robert Boyle, ou le second Newton.

Cette querelle entre vacuisme et plénisme est une vieille histoire puisqu'elle est déjà celle qui s'observe entre épicuriens et aristotéliciens, mais elle va rebondir au XVIIᵉ siècle en engageant le statut même de l'espace sur la base d'arguments fort différents de ceux qui avaient été développés dans l'Antiquité bien que l'on retrouve chez Galilée la queue de comète de la supposée aversion de la nature pour le vide.

De quoi parle-t-on quand on parle du vide ?

Si nous l'avons croisé jusqu'à présent, nous n'avons pas pleinement analysé ce que peut signifier le concept de « vide » : extrêmement ambigu, il semble affirmer la présence d'une absence, mais aussi se diriger vers la désignation de quelque chose dans lequel il n'y a rien ;

---

1. Ce titre est la reprise de celui par lequel É. Klein avait nommé une de ses conférences, afin de montrer les embarras logiques que suscite l'idée même de vide. Il a depuis consigné ses réflexions dans *Ce qui est sans être tout à fait. Essai sur le vide*, Arles, Actes Sud, 2021.

mais le simple fait de dire « il n'y a rien » est problématique puisque la formulation « il y a » implique une présence, et donc dire qu'il y a du vide est très obscur intellectuellement parce que cela revient à dire que sa présence est une absence.

Si l'on se place avec résolution dans un cadre moderne partant de l'analyse des représentations, et que l'on mène ainsi une décomposition depuis l'esprit de ce que peut être le vide, on fait alors face à une situation où il faudrait caractériser soit la présence d'une absence, soit quelque chose comme un néant ; or, il va de soi que dans les deux cas on a affaire à quelque chose qui, au sens strict, n'est pas représentable par l'esprit. On ne peut ni se représenter le néant ni même un cadre vide. La question va donc rapidement devenir : est-il raisonnable de maintenir le concept de vide ?

Le problème se redouble si l'on songe à une expression fort utilisée en physique, en tout cas par les ingénieurs, qui est celle de « faire le vide ». Si le vide existe, il n'est pas rien ; mais curieusement, ce qu'il est en tant qu'il existe ne doit pas être enlevé quand on *fait le vide* sous peine de faire du vide un néant qu'il ne peut pas être ; si le vide existe et n'est pas le néant, alors le vide ne peut être le vide puisque pour faire le vide il faut tout enlever sauf le vide !

Deux expériences autour du vide : le baromètre de Torricelli et l'expérience du Puy-de-Dôme

L'ambiguïté de ce concept, perçue depuis fort longtemps – est-ce un néant ou une chose dans laquelle il n'y a rien ? Le vide est-il ce qui « reste » quand on a tout enlevé ? –, va devenir manifeste à la faveur d'un problème technique très concret que des fontainiers de Florence vont soumettre à Galilée. Celui-ci la restitue sous la forme d'un récit raconté par Sagredo dans le *Dialogue concernant les deux sciences nouvelles* :

> J'eus naguère l'occasion d'observer une citerne où quelqu'un avait fait disposer une pompe, croyant peut-être, mais à tort, pouvoir ainsi tirer au prix d'une moindre fatigue la même quantité d'eau qu'avec les seaux ordinaires. Le piston et la soupape de cette pompe sont placés en haut, de sorte qu'on élève l'eau par aspiration et non par refoulement, comme font les pompes où ces mêmes organes sont en bas. Celle dont je parle débite en abondance tant que, dans la citerne, l'eau atteint un niveau déterminé, mais quand l'eau s'abaisse au-dessous d'une certaine marque, la pompe n'agit plus. [...]. Il était impossible de la faire monter d'un cheveu plus haut que dix-huit brasses ; que la pompe soit large ou étroite, cette limite est rigoureuse[1].

La situation est fort claire : quelles que soient la puissance des pompes aspirantes et leur taille, il semble impossible d'aspirer au-delà d'une altitude équivalant à une dizaine de mètres, comme si donc au-delà de ces dix mètres le vide se faisait nécessairement dans la pompe, empêchant l'eau de l'Arno de la remplir. Soumettant le problème à Galilée, les fontainiers donnèrent à ce dernier l'occasion de préciser ses propres positions sur le vide, positions qui se révélèrent étonnantes. Que répond en effet Salviati – qui représente la position de Galilée – à la description du problème restituée par Sagredo ?

> L'affaire marche ainsi, très exactement. [...]. Cette hauteur de dix-huit brasses se trouve être la limite assignée jusqu'à

---

1. Galilée, *Dialogue des deux sciences nouvelles*, Première journée, dans Galilée, *Dialogues et lettres choisies*, trad. fr. P.-H. Michel, Paris, Hermann, p. 241.

laquelle une quantité d'eau quelconque [...] peut se
soutenir[1].

C'est adopter là une position hybride, jugeant que
jusqu'aux dix-huit brasses, le principe aristotélicien voulant
que la nature ait horreur du vide s'applique et rende possible
l'aspiration de l'eau mais qu'au-delà il ne s'applique plus.
Cela revient à poser que la nature a certes horreur du vide
mais jusqu'à un certain point seulement, puisqu'à partir
des dix-huit brasses le vide s'impose et empêche l'eau de
remplir les pompes aspirantes. Le vide existe et n'existe
pas, les principes de la nature étant valides jusqu'à un
certain seuil. Comme on peut aisément se le figurer, une
telle solution mécontenta tout le monde, aussi bien les
partisans du vide que les plénistes, le compromis galiléen
apparaissant surtout comme une incohérence manifeste[2].

C'est pourquoi les disciples de Galilée, horrifiés par le
déclin du vieux maître, cherchèrent à rationaliser le résultat
de l'expérience. L'un d'entre eux, et non le moindre,
Evangelista Torricelli (1608-1647), secrétaire de Galilée
depuis 1641, essaya de déterminer une solution plus
satisfaisante en s'appuyant sur un principe fondamental
de Galilée voulant que l'explication des phénomènes fût
toujours menée par l'identification d'une cause externe et

---

1. *Ibid.*
2. « Cette explication avait l'inconvénient de cumuler les reproches
que l'on pouvait adresser alors à une explication strictement finaliste ou
strictement mécanique. Elle satisfaisait les péripatéticiens en admettant
l'horreur du vide, mais les scandalisait en prétendant que cette horreur
est limitée et que le vide, au-dessus de dix mètres, dans les conditions
de l'expérience, se trouve réalisé. Elle eût comblé d'aise les atomistes,
qui admettaient l'existence du vide, mais elle était propre à les rebuter
en recourant à une cause obscure et finale. », L. Rougier, *De Torricelli
à Pascal*, chap. I, Paris, Kimé, 2010, p. 52.

non par des qualités occultes ou internes comme l'est le principe aristotélicien de l'aversion de la nature pour le vide. À cet égard, Torricelli conçut une expérience selon un protocole strict sur le présupposé d'une cause extérieure devant rendre compte de la limite de l'élévation de l'eau par l'aspiration : en termes clairs, il ne fallait pas que les qualités internes de l'eau pussent expliquer la limite de son élévation.

Pour ce faire, il réalisa en 1644 une célèbre expérience où, remplissant une cuve de mercure (vif-argent), et utilisant un tube de près d'un mètre de hauteur, il remplit ce dernier de mercure et boucha l'ouverture ; puis, retournant le tube dans la cuve tout en enlevant le bouchon temporaire, il observa la quantité de vif-argent se déversant dans la cuve et la hauteur à laquelle se stabilisait le mercure : celui-ci se stabilisait toujours à la même hauteur, soit environ 74 cm dans un tube d'un mètre, laissant donc au sommet du tube renversé 26 cm de « vide ».

Le point décisif est que le vide se fait dans la hauteur du tube renversé toujours de la même manière, Torricelli voulant trouver la cause de ce phénomène sans faire appel aux qualités occultes du mercure. Par conséquent, l'hypothèse qu'il émet porte sur la comparaison entre le poids de l'air et le poids du mercure : c'est la raison pour laquelle il choisit de mener l'expérience avec du vif-argent et non de l'eau car celui-ci est 13,6 fois plus dense que l'eau – à volume égal, le mercure pèse 13,6 fois plus que l'eau. Or, grâce aux fontainiers, on connaît la hauteur à partir de laquelle se fait le vide dans les pompes aspirantes : l'eau ne peut jamais dépasser approximativement 10 mètres de hauteur. Si donc l'explication tient à la pesanteur de l'air et des liquides, alors à pesanteur atmosphérique égale, le mercure ne devrait s'élever qu'à 74 cm, c'est-à-dire

10 mètres divisés par 13,6. Un tube d'un mètre de hauteur suffirait à mesurer l'élévation de la colonne de mercure. Comme nous l'avons rappelé, c'est bien à 74 cm que s'élève la colonne de mercure, la proportion étant parfaitement respectée, la différence d'élévation correspondant donc à la différence de pesanteur entre l'eau et le vif-argent. Par ailleurs, le mercure ne se déverse pas dans la cuve, en raison de la pression atmosphérique s'exerçant à la surface de la cuve et poussant donc le mercure vers le haut mais bien moins qu'elle n'y parvient pour l'eau moins dense que le vif-argent.

La partie vide du tube située en haut de celui-ci est interprétée comme vide puisque le tube, initialement plein, ne peut contenir d'air. Par ce fait, Torricelli pensait avoir prouvé à la fois l'existence du vide et en même temps la pression atmosphérique[1], ce qui a pour conséquence de rendre invariable la hauteur du mercure quel que soit l'enfoncement du tube dans la cuve. Ce n'est donc pas la réticence de la nature à l'endroit du vide qui explique que le tube demeure en partie rempli et ne se déverse pas, mais la pression atmosphérique qui exerce une poussée sur la cuve de mercure et fait « monter » la colonne de mercure.

---

1. La lettre du 11 juin 1644 à Michel-Ange Ricci exprime l'interprétation de l'expérience par Torricelli : « Beaucoup de gens ont dit qu'il ne peut se produire de vide, d'autres qu'il peut se produire, mais non sans résistance de la nature, ni sans fatigue. Je ne sache pas que personne ait dit qu'il peut se produire du vide sans fatigue et sans résistance aucune de la nature. J'ai raisonné ainsi : si je trouvais une cause manifeste d'où dérive la résistance que l'on sent quand on veut faire le vide, il serait inutile, ce me semble, de chercher à attribuer au vide un effet qui dérive manifestement d'une autre cause. Et même en faisant certains calculs très faciles, je trouve que la cause dont je parle, à savoir le poids de l'air, devrait à elle seule faire plus d'effet qu'elle ne fait quand on essaye de faire le vide. », lettre citée par L. Rougier, *De Torricelli à Pascal, op. cit.*, p. 53.

Sans pression atmosphérique, le mercure se serait entièrement déversé dans la cuve.

Mais la conséquence immédiate d'un environnement atmosphérique pesant est que si la pression atmosphérique varie, alors la hauteur de la colonne de mercure varie également ; c'est ainsi que Torricelli, dans la lettre à Ricci du 11 juin 1644, suggère des variations de pression selon l'altitude :

> Nous vivons submergés au fond d'un océan d'air, et nous savons par des expériences indubitables que l'air est pesant et même que cet air épais qui est près de la surface de la terre pèse environ le quatre centième du poids de l'eau (nombre donné par Galilée). D'autre part, les auteurs qui ont parlé du crépuscule ont observé que l'air visible et chargé de vapeurs s'élève au-dessus de nous à près de cinquante ou cinquante quatre milles, ce que je crois exagéré parce que je pourrais montrer que le vide devrait faire beaucoup plus de résistance qu'il ne fait ; mais ils ont une échappatoire, ils peuvent dire que le poids dont parle Galilée doit s'entendre de la région la plus basse de l'air où vivent les hommes et les animaux, mais que, sur la cime des hautes montagnes, l'air commence à être très pur et pèse beaucoup moins que les quatre centièmes de l'eau[1].

Le Père Mersenne, secrétaire de l'Europe savante et interlocuteur privilégié de Descartes, prit connaissance d'une copie de cette lettre grâce à François du Verdus, se rendit en Italie en décembre 1644 afin d'assister *de visu* à la célèbre expérience et en informa ses interlocuteurs[2].

---

1. Cité par L. Rougier, *De Torricelli à Pascal, op. cit.*, p. 54.
2. On trouve chez Pascal un récit de la diffusion des expériences de Torricelli et de leur interprétation dans *Les expériences nouvelles touchant le vide* ; *cf.* Pascal, *Œuvres complètes*, Paris, Seuil, 1963, p. 195.

Mis au courant, Pascal sembla dans un premier temps essentiellement fasciné par la possibilité de « faire le vide » et d'en prouver l'existence, et non par le problème de la pression atmosphérique qui ne lui apparut qu'en un second moment. Mais, après que Descartes lui eut peut-être soufflé l'expérience[1], Pascal dit concevoir[2] le protocole permettant de démontrer par différentiel l'importance de la pression atmosphérique et de ses variations : en répétant l'expérience à des altitudes différentes, la hauteur de la colonne de mercure peut varier ; si tel est le cas, et si les conditions de l'expérimentation, exception faite de l'altitude, sont toujours similaires, alors se trouve prouvée la différence de pression atmosphérique selon l'altitude. L'air se raréfiant en altitude, la pression devrait y être moindre et la colonne de mercure devrait s'affaisser à mesure qu'augmente l'altitude où est effectuée l'expérience.

Malade, Pascal ne put réaliser lui-même l'expérience et demanda à son beau-frère, Florin Périer, de la mener à bien : celui-ci la réalisa en 1647 à Clermont-Ferrand (358 m de hauteur), puis au sommet du Puy-de-Dôme (1465 m). Le mercure, au sommet du Puy-de-Dôme, s'affaissait de 9 cm, prouvant ainsi aussi bien l'existence de la pression atmosphérique que ses variations selon l'altitude. Quoiqu'il ne les réalisât pas lui-même, Pascal reçut l'insigne honneur

1. Convaincu du rôle de la pression atmosphérique, Descartes ne semble nullement gêné par l'expérience du Puy de Dôme, puisqu'à quatre reprises il affirme que c'est lui qui a suggéré à Pascal ladite expérience (lettres à Mersenne du 13 décembre 1647, 4 avril 1648, 11 juin 1649, et 17 août 1649).

2. La paternité de l'expérience est discutée, et Pascal semble quelque peu hardi en s'en attribuant à ce point le mérite dans des textes qui, tout à la fois, minorent le rôle de Torricelli, et occultent celui de Descartes. *Cf.* Pascal, *Lettre à M. de Ribeyre du 12 juillet 1651*, dans Pascal, *Œuvres complètes, op. cit.*, p. 227.

de voir son nom utilisé pour nommer l'unité officielle dans le Système International de la pression atmosphérique, unité qui correspond donc à un Newton par m², ou « Pa ».

Le vide est-il une impossibilité intellectuelle ?

La première chose à comprendre dans cette affaire délicate est la dualité du problème. Dans les expériences de Torricelli se jouent deux questions et non une seule : l'existence du vide *et* la pression atmosphérique (pesanteur de l'air exerçant une pression). Or, comme toute expérience, celle de Torricelli – comme celle d'ailleurs du Puy-de-Dôme – n'offre de résultat clair que sur la base d'une interprétation, dépendant de choix conceptuels discutables. Descartes connaît évidemment, sans doute par Mersenne, les résultats de l'expérience de Torricelli et persiste, malgré ces derniers, à nier l'existence du vide[1] ; cela ne signifie pas le dogmatisme de Descartes mais bien au contraire le fait que l'interprétation dominante au sujet de l'expérience n'emporte pas sa conviction.

Il faut donc comprendre pourquoi Descartes ne croit pas de manière générale à la possibilité du vide et comment, sur la base de son refus du vide, il interprète le résultat des expériences de Torricelli. Tout l'enjeu de l'argumentation cartésienne consiste à montrer que le vide fait partie de ces notions floues, obscures et confuses, dont l'indistinction

---

1. « Il [Galilée] donne deux causes de ce que les parties d'un corps continu s'entretiennent : l'une est la crainte du vide, l'autre certaine colle ou liaison qui les tient, ce qu'il explique encore après par le vide ; et je les crois toutes deux très fausses. Ce qu'il attribue au vide ne se doit attribuer qu'à la pesanteur de l'air ; et il est certain que, si c'était la crainte du vide qui empêchait que deux corps ne se séparassent, il n'y aurait aucune force qui fût capable de les séparer. », Descartes, *Lettre à Mersenne du 11 octobre 1638*, FA II, 92-93.

a amené les hommes à produire des énoncés dénués de sens : en amont donc du problème expérimental se joue le problème de l'analyse conceptuelle et, plus encore celui de la clarté conceptuelle du vide.

Peut-on donc se former une idée claire et distincte du vide ? Alors que les fondements du refus du vide se trouvent établis dès le *Traité du Monde et de la Lumière* de 1633, Descartes les reprend en 1644 dans les *Principes de la Philosophie* et rend explicite la corrélation entre ce refus et sa définition de l'étendue :

> Pour ce qui est du vide, au sens que les philosophes prennent ce mot, à savoir, pour un espace où il n'y a point de substance, il est évident qu'il n'y a point d'espace en l'univers qui soit tel, parce que l'extension de l'espace [*extensio spatii*] ou du lieu intérieur [*vel loci interni*] n'est point différente de l'extension du corps[1].

Il faut bien distinguer dans ce contexte la thèse cartésienne de son argumentation. La thèse consiste à nier la possibilité même du vide, à décréter le vide impossible ; l'argumentation se fonde sur un double mouvement qui, prenant appui en un premier temps sur la grande confusion de l'idée de vide, montre que l'espace ne peut être que l'extension d'un corps et doit donc être « plein ». L'extension de l'espace ne saurait donc être différente de celle d'un corps ce qui revient à dire que le vide ne peut être nulle part. Décortiquons à présent l'argument cartésien. Traditionnellement, en physique, on considère que le vide est ce qui reste une fois que l'on a tout enlevé ; de ce fait, le vide est un rien qui n'est pas un néant ; or, tout le but de Descartes consiste à montrer qu'une telle approche est

---

1. Descartes, *Principes de la Philosophie*, II, art. 16 ; AT IX-II, 71 ; FA III, 161 ; *supra*, p. 27-28.

inintelligible pour nos représentations intellectuelles et
que le vide ne peut avoir de sens qu'à la condition d'être
néant. Mais, identifié au néant, il ne peut avoir la moindre
extension puisque le néant ne peut avoir de propriétés. Un
vide qui serait étendu serait en effet un néant dont la
propriété serait de s'étendre : cela est aberrant logiquement
si bien que Descartes place le lecteur face à un dilemme
fort convaincant : soit le vide n'est pas un néant, mais alors
il est quelque chose au sens littéral du terme et n'est donc
pas vide ; soit il est un néant, n'est donc rien, et ne peut
s'étendre.

Par-là se comprend le très célèbre exemple du vase
développé dans l'article 18 du deuxième livre des *Principes.*
Le raisonnement rend très manifeste le fait que Descartes
élabore sa Physique par l'analyse de nos représentations
et par leur degré de clarté : la réfutation du vide se trouve
menée par la simple investigation de ce que nous devons
nous représenter *nécessairement* avec clarté et distinction,
et non par expérience, ni et encore moins par affirmation
ontologique. Plus concrètement parlant, nous ne pouvons
pas concevoir (c'est-à-dire nous représenter) que l'espace
séparant les deux parois du vase soit vide car, si tel était
le cas, il y aurait du néant entre deux parois ; or le néant
n'étant *rien*, il n'y aurait alors *rien* entre les deux parois,
et cela serait contradictoire avec le fait que les deux parois
du vase sont précisément *espacées*, ce qui revient à dire
que *quelque chose* les sépare. De ce fait, si le vase était
vide, au sens où *rien* ne s'interposerait entre les parois,
alors celles-ci seraient contiguës. Descartes clarifie ainsi
le sens de nos concepts et montre de quelle manière
l'existence du vide constitue une contradiction *in adjecto*
si l'on conçoit le vide clairement, c'est-à-dire comme
néant ; que l'œil – représentation visuelle – ne voie rien

entre les parois du vase ne signifie pas qu'il n'y ait *rien*,
et il appartient à l'entendement – représentation intellectuelle
– de rectifier cette croyance en montrant que s'il n'y avait
rien, alors aucun espace entre les parois ne serait possible.

Il découle de cette analyse conceptuelle que la croyance
en l'existence du vide et donc en son étendue procède
d'une illusion et d'une persistance de croyances infantiles
venant parasiter nos représentations. Dès l'enfance nous
avons eu tendance à croire que l'air était vide, donc à ne
pas comprendre que l'air est matériel et qu'à ce titre, loin
d'être vide, il est un corps qui s'étend :

> Mais il faut examiner plus particulièrement pourquoi
> l'air, étant un corps aussi bien que les autres, ne peut pas
> aussi bien qu'eux être senti ; et par même moyen nous
> délivrer d'une erreur dont nous avons tous été préoccupés
> dès notre enfance, lorsque nous avons cru qu'il n'y avait
> point d'autres corps autour de nous que ceux qui pouvaient
> être sentis ; et ainsi que, si l'air en était un, parce que
> nous le sentions quelque peu, il ne devait pas au moins
> être si matériel ni si solide que ceux que nous sentions
> davantage[1].

Caractéristique de la manière dont Descartes procède,
ce passage analyse les représentations et essaie de rendre
compte des raisons pour lesquelles nous semblons si enclins
à accorder notre assentiment à ce qui n'est ni clair ni
distinct ; les croyances obscures de l'enfance, fortement
enracinées, expliquent en grande partie les erreurs
persistantes de l'âge adulte, et font que nous continuons
de confondre ce qui existe avec ce qui est vu : dans la
mesure où nous ne voyons rien de l'air, nous avons tendance

---

1. Descartes, *Le Monde ou Traité de la Lumière*, chap. IV, AT XI,
16-17 ; FA I, 330.

à croire qu'il ne contient rien, qu'il est donc « vide » et cette confusion persiste à l'âge adulte dans les théories vacuistes sous une forme plus dangereuse encore car revêtue des apparats de la science.

Réinterpréter l'expérience de Torricelli dans une perspective pléniste

Puisque le vide est une impossibilité conceptuelle, alors l'interprétation de l'expérience de Torricelli ne doit pas faire appel à ce concept pour identifier ce qui se trouve en haut du tube renversé : l'interprétation canonique proposée par Torricelli et reprise par Pascal promeut en effet une lecture dans laquelle le vide se serait « étendu » entre le sommet du tube et la surface du mercure stabilisé ; mais cela suppose de faire du vide quelque chose qui s'étend, de lui conférer la propriété de l'extension, ce qui est absurde car seul un corps peut s'étendre si bien que si quelque chose s'étend du sommet du tube à la surface du vif-argent, c'est que quelque chose s'y trouve et que cette étendue n'est pas vide. En somme, Descartes a fort bien compris qu'une impossibilité logique ne pouvait pas miraculeusement devenir possible dans le cadre empirique.

Que se trouve-t-il donc entre la surface du vif-argent et le sommet du tube ? Cet espace ne peut être étendu qu'à la faveur de corps qui s'étendent ; il y a donc quelque chose qui, pourtant, ne se voit pas. Ce ne peut être de l'air, mais que ce ne soit pas de l'air n'implique aucunement que ce ne soit rien. Descartes va donc convoquer un concept ancien de ses écrits, celui de « matière subtile », déjà théorisée dans un traité intitulé *Dioptrique* et permettant tout simplement de désigner ce qui s'immisce entre les corps, dans les « pores ». Il s'agit d'une matière réelle mais imperceptible, qui n'est pas sans rappeler l'éther de Newton, qui remplit tout, et qui établit les relations entre les corps. Ainsi, lorsque Descartes prit connaissance des résultats de l'expérience de Torricelli, il jugea que le haut du tube était rempli par cette matière subtile ainsi définie en 1638 :

> Je ne trouve rien ici qu'une équivoque du mot *Transparent*, qui s'attribue en un sens à l'air, au verre, et aux autres tels corps, entant qu'ils ont des pores, etc. et à la matière subtile en tant qu'elle est dans ces pores. Car pour ce que vous dites, que vu le bel ordre qui est en la nature, cette matière subtile doit avoir quelque sphère au-dessus des autres corps, et ainsi n'être point dans leurs pores ; il m'est aisé de répondre que ce bel ordre montre aussi, qu'y ayant des pores dans les corps terrestres, ils doivent être remplis de quelque matière plus subtile, comme on voit qu'encore que l'eau se place naturellement au-dessus de la terre, elle ne laisse pas pour cela de se placer aussi au-dessous en tous ses pores ; et je ne dis en aucun lieu que la matière subtile n'occupe point de sphère plus haute que celle de l'air : car au contraire je la fais étendre depuis les Astres jusqu'à nous[1].

On comprend ainsi le raisonnement général de Descartes : obscur et confus, le concept de vide doit être abandonné car, soit il est maintenu dans sa confusion et il contraint de se représenter un néant qui s'étend, ce qui est contradictoire et aberrant, soit il est associé à une chose mais alors le vide n'est pas vide puisqu'il désigne un corps qui s'étend. Cette impossibilité logique du vide se retrouve dans le cadre empirique qui, en aucun cas, ne peut constituer l'occasion d'une expérimentation du vide : une absence d'air ne saurait être interprétée comme la preuve du vide et si une étendue est observée c'est que quelque chose s'étend, la matière subtile s'étendant partout.

---

1. Descartes, *Lettre à Morin du 13 juillet 1638*, AT II, 219.

Y a-t-il un espace cartésien ? Lieu, espace et étendue

L'ensemble des analyses qui précèdent nous amènent à soulever un délicat problème, à savoir celui de l'existence d'un espace cartésien proprement dit. Tout le livre II des *Principes de la Philosophie* semble plaider en défaveur d'un espace *stricto sensu* dans le raisonnement cartésien puisque ce qui existe véritablement – et tel est l'enjeu du livre II – ce sont les corps matériels, dont l'attribut principal est l'étendue. À ce titre, il ne faut pas dire que les corps au sens cartésien du terme se trouvent *dans* l'espace, car il n'y a pas chez Descartes de corps d'un côté et d'espace d'un autre qui devrait être rempli par ces derniers : « L'espace [*spatium*] ou le lieu intérieur [*locus internus*], et le corps [*substantia corporea*] qui est compris en cet espace, ne sont différents aussi que par notre pensée. »[1].

Il convient de comprendre ce que veut dire Descartes dans ces quelques lignes cruciales. L'élément décisif tient au fait que l'étendue est invariablement pensée comme « tout ce qui possède longueur, largeur et profondeur »[2], donc que l'étendue détermine d'abord et avant tout un *volume*. De ce point de vue, le corps étendu n'est rien d'autre qu'un volume, et les dimensions de ce volume sont exactement les mêmes que celles du lieu qu'il occupe, lieu que l'on peut qualifier d'interne et qui se confond avec l'espace. Ainsi, du point de vue de la réalité désignée, espace, lieu interne[3] et corps étendu ne se distinguent pas

1. Descartes, *Principes de la Philosophie*, II, art. 10 ; AT IX-II, 68 ; FA III, 155 ; *supra*, p. 23.
2. Descartes, *Règles pour la direction de l'esprit*, XIV, AT X, 442 ; FA I, 171.
3. Si le lieu interne désigne le volume du corps en tant qu'étendu, le lieu « externe » renvoie à ce que nous considérons comme la surface du corps, et évoque assez nettement le lieu pris en son sens aristotélicien.

puisqu'il s'agit dans les trois cas de dimensions d'un *même* volume mesurable[1].

Mais alors quelle distinction de raison, uniquement valable pour notre manière de voir, introduisons-nous dans ce qui est pourtant identique ? Quelle différence de représentation nous faisons-nous en distinguant le lieu de l'espace ? « Le lieu et l'espace sont différents en leurs noms, parce que le lieu nous marque plus expressément la situation que la grandeur ou la figure ; et qu'au contraire nous pensons plutôt à celles-ci, lorsqu'on nous parle de l'espace. »[2]. Bien que le lieu et l'espace diffèrent lexicalement, et donc conceptuellement, ils désignent une même réalité néanmoins pensée selon deux perspectives différentes sans doute liées au langage : le lieu désigne la manière par laquelle nous pensons la *situation* d'un corps – l'espace qu'il occupe – alors que l'espace envisage une sorte de contenu volumétrique par lequel peuvent s'exprimer la figure et la grandeur du corps. Mais, si nous envisageons réellement les choses, nous sommes amenés à concevoir la situation du corps ainsi que sa figure et sa grandeur comme des réalités identiques.

Cela ne répond toutefois qu'à la différence entre le lieu et l'espace ; mais l'esprit distingue volontiers et en sus

Daniel Garber a montré les difficultés de cette distinction dans un ouvrage classique, *La physique métaphysique de Descartes*, trad. fr. S. Borhausen, « Epiméthée », Paris, P.U.F., 1999, p. 214-217.

1. C'est en ce sens que l'espace physique rejoint l'espace mathématique, la notion de volume assurant la liaison entre les entités géométriques et les réalités physiques. En revanche, le fameux « repère cartésien », c'est-à-dire le repère orthonormé, n'a jamais été autre chose qu'une solution locale et bi-dimensionnelle au problème de Pappus, et n'a jamais été explicitement utilisé par Descartes pour penser l'espace physique.

2. Descartes, *Principes de la Philosophie*, II, art. 14 ; AT IX-II, 70 FA III, 159-160.

l'étendue de l'espace et ce depuis la perspective de la *généralité* : nous lions l'étendue à un corps particulier, dans la mesure où il appartient à notre représentation du corps matériel de le lier à l'étendue particulière qu'il adopte. En revanche, nous avons tendance à considérer que l'espace désigne le cadre général à l'intérieur duquel se trouvent les différents corps, cadre qui serait par ailleurs immuable et indifférent aux mouvements des corps, ce que Descartes explique fort bien dans les articles 10 et 12 du livre II, par lesquels se comprend le fait que l'esprit se représente au fond l'espace comme une sorte d'étendue généralisée, devenue indifférente aux corps et pouvant accueillir tout corps possible.

Il convient alors de prêter une attention très minutieuse à l'article 12 qui affirme explicitement que nous sommes spontanément amenés à concevoir l'espace comme un cadre indifférent aux choses que Descartes appelle « étendue commune ». Mais, ce faisant, nous concevons quelque chose d'obscur car nous concevons une étendue sans rien de déterminé qui s'étende, c'est-à-dire une étendue affranchie du sujet corporel dont l'attribut principal est de s'étendre. La question est donc de comprendre comment il se fait que nous concevions une étendue commune, une étendue générale indifférente aux corps, qui au fond subsisterait en l'absence de corps, alors même que cela contredit tout le raisonnement cartésien. Cette question est explicitement traitée dans la règle XIV des *Regulae*, où un passage fort difficile rend compte de l'erreur commise par l'entendement lorsqu'il conçoit une telle étendue commune :

> En effet, on peut évidemment se persuader, par exemple, que si l'on réduit à rien tout ce qui est étendu dans la nature, il n'est pas contradictoire que l'étendue elle-même continue à exister toute seule, on fera pourtant usage,

pour parvenir à cette représentation, non pas d'une idée corporelle, mais de l'entendement seul qui se trompe dans son jugement [*male judicans*]. On le reconnaîtra spontanément, si l'on réfléchit avec attention à cette image même de l'étendue, qu'on tentera de forger en sa fantaisie au cours de l'opération : on remarquera en effet qu'on ne la saisit point dégagée de tout sujet, mais qu'on l'imagine tout autrement qu'on ne la juge : à telle enseigne que ces entités abstraites (quoi que pense l'entendement de la vérité de la chose) ne se forment jamais dans la fantaisie séparément de tout sujet[1].

D'apparence difficile, ce passage est en réalité assez clair si l'on comprend l'ensemble du raisonnement cartésien voulant qu'il n'y ait d'étendue que par les corps étendus. De ce fait, lorsque l'entendement *abstrait* l'étendue comme telle des corps étendus, il confond un attribut et une substance. Plus exactement, l'abstraction opérée consiste à oublier qu'un attribut ne peut avoir de sens sans une substance dont il est l'attribut ; c'est donc une abstraction fautive, un mauvais jugement, qui revient à faire de l'étendue la substance elle-même, et des corps des attributs de celle-ci. C'est un renversement insidieux des rapports entre substance et attribut, hypostasiant celui-ci en celle-là. En outre, la règle XIV accueille l'imagination – la fantaisie – en tant qu'elle aide l'entendement à concevoir les choses avec bien plus de distinction. Or, l'aide de l'imagination afin de combattre l'erreur d'une étendue affranchie de ce qui est étendu, est précieuse : nous ne pouvons pas nous former l'image d'une étendue pure, et sommes contraints de nous représenter l'étendue – même « commune » – sous la figure de quelque chose qui s'étend, par exemple un fond noir

1. Descartes, *Règles pour la direction de l'esprit*, XIV, AT X, 442-443 ; FA I, 171-172.

ou un ciel bleu. De ce fait, en tant qu'adjuvante de l'entendement, l'imagination bien utilisée montre qu'il est erratique d'admettre une étendue pure, commune, indifférente aux corps, l'imagination elle-même ne pouvant se représenter un tel concept.

Il n'y a donc pas d'espace sans étendue ni d'étendue sans corps étendu ; il en découle que l'espace, l'étendue et les corps étendus sont similaires en dépit des distinctions que l'esprit a tendance à effectuer avec plus ou moins de bonheur. Ajoutons à cela que cette thèse se conjugue parfaitement avec le refus cartésien du vide puisque s'il n'est d'espace que par l'étendue et d'étendue que par les corps étendus, alors il est impossible que l'espace contienne la moindre trace de vide, Descartes ayant fort bien compris que le vide n'était possible que dans un schéma de pensée où l'espace constituait un cadre substantiel, autonome, et affranchi des corps ; toute son entreprise vise à empêcher une telle situation et à l'impossibilité du vide répond l'impossibilité d'un espace-cadre, indépendant des corps. En découle également l'impossibilité, évoquée dans les articles 5 à 8 du livre II des *Principes* de la raréfaction ou de la condensation absolues. En effet, tout l'argument cartésien consiste à dire que lorsqu'un corps occupe une certaine place dans l'espace, il ne se situe pas comme un corps *dans* un espace qui lui serait étranger mais il constitue l'espace lui-même et ne peut donc varier en extension sans que la « place » qu'il occupe ne varie aussi.

L'indéfinité de l'espace et l'infinité divine

Si donc il n'existe pas d'espace indépendant de l'étendue qui, elle-même, ne saurait avoir de sens en-dehors des corps étendus, peut-on toutefois considérer l'espace dans ses dimensions ? Autrement dit, si l'on admet que l'on peut généraliser l'étendue *sans l'hypostasier* au-delà des corps étendus, alors apparaît un espace qui n'est rien d'autre que l'extension de la matière en général, dont il est légitime de déterminer les dimensions : la matière s'étend-elle, oui ou non, à l'infini ? De la réponse à cette question découle immédiatement ce qui peut être dit de l'espace.

Une telle question soulève deux difficultés. La première est théologique et concerne le risque de la confusion entre Dieu – qui est infini – et la matière étendue, si celle-ci l'est également. La seconde est conceptuelle, en tant que la légitimité d'une interrogation sur l'espace lui-même – dont nous redisons qu'il ne peut être que la matière en général prise comme étendue – est discutable car elle risque d'hypostasier l'espace en substance autonome, et d'affranchir celui-ci de la matière qui le constitue.

Descartes est fort attentif au problème théologique et adopte une grande prudence quant à la caractérisation de l'espace dont il se refuse toujours à dire qu'il est infini. Tout au plus peut-on dire que nous n'en connaissons pas les bornes et qu'il est à ce titre « indéfini », ce qui revient à dire que nous ne pouvons pas déterminer jusqu'à quel point s'étend la matière. L'interrogation sur l'extension de la matière est une vieille question cartésienne dont on trouve des traces dès 1629[1] et à laquelle le premier livre des *Principes* attribue une réponse par la distinction ferme de l'infini et de l'indéfini, que reprendra l'article 21 du livre II : « *Qu'il ne faut point tâcher de comprendre l'infini, mais seulement penser que tout ce en quoi nous ne trouvons aucunes bornes est indéfini.* »[2]. Pareille distinction par laquelle se conquiert la différence entre la pleine positivité

---

1. *Cf.* Descartes, *Lettre à Mersenne* du 18 décembre 1629, AT I, 86.
2. Descartes, *Principes de la philosophie*, I, art. 26, AT IX-II, 36 ; FA III, 107.

divine et l'étendue indéfinie est explicitement développée dans le même article : « parce que nous ne saurions imaginer une étendue si grande que nous ne concevions en même temps qu'il y en peut avoir une plus grande, nous dirons que l'étendue des choses possibles est indéfinie. »[1]. L'étendue n'est donc indéfinie que par l'incapacité de l'esprit à en déterminer les bornes, ce par quoi se marque l'impuissance de l'esprit, et c'est là la raison pour laquelle les articles 1 et 2 du livre III des *Principes* insistent tant sur la nécessité de ne pas présumer de la puissance de l'esprit.

Se comprend ainsi que Descartes joue sur deux registres : un premier registre consécutif à son approche de Dieu comme puissance infinie, que l'article 1 du livre III exprime au mieux. À un tel Dieu, rien ne saurait être trop grand pour exprimer sa puissance. Mais s'ajoute à cette approche de la puissance divine un second niveau de réflexion, indexé sur la limitation de l'entendement humain : si celui-ci peut comprendre les conséquences de l'immensité de la matière à partir de l'infinité divine, il n'est pas pour autant en mesure de déterminer les bornes d'une telle immensité, et se trouve comme contraint de nommer sa propre incapacité à délimiter la matière. Cette incapacité de l'entendement à déterminer les bornes se décline ainsi dans le lexique de l'indéfini.

Mais une telle approche n'est pas sans conséquences sur la pluralité des mondes, qu'assument explicitement les articles 21 et 22 du livre II : il peut certes y avoir une infinité numérique de mondes, mais ces mondes faits d'une matière unique – l'unique matière indéfiniment étendue

1. Descartes, *Principes de la philosophie*, I, art. 26, AT IX-II, 36 ; FA III, 107.

– ne pourraient être différents par nature. Se ramenant à
la division d'une même matière, leur infinité numérique
n'entraîne pas leur différence d'espèce. Mais une telle
approche ne va pas sans paradoxes en ceci qu'elle revient
à dire que la puissance divine infinie est somme toute
limitée puisque ne pouvant pas déboucher sur une infinité
de mondes infiniment différents. Apparentés par l'unicité
de la matière, les différents mondes semblent tous obéir
aux mêmes lois – celles de *la* matière –, et former une
unité de nature pouvant entrer en contradiction avec ce
que l'on attendrait d'une puissance infinie créatrice[1] qui
devrait être capable de créer une pluralité de mondes, aussi
multiples sur le plan numériques que différents sur le plan
qualitatif.

Le raisonnement dispersé des *Principes* fut repris de
manière condensée dans une lettre décisive adressée à
Chanut en 1647, à la faveur d'une évocation du Cardinal
Nicolas de Cues[2] (1401-1464) dont Descartes rappelle que
les thèses sur l'infinité du monde n'avaient pas été
condamnées :

---

1. Sur les problèmes théologiques et les condamnations que cela put
occasionner, nous renvoyons à M.-P. Lerner, *Le monde des sphères*,
tome II, *La fin du cosmos classique*, Paris, Les Belles Lettres, 1997,
p. 181, notes 243 et 244.

2. Nicolas de Cues est un philosophe et cardinal d'inspiration
néoplatonicienne dont l'audace concernant l'univers et son extension
infinie fit grand bruit. On trouve en effet dans son chef-d'œuvre, *De la
docte ignorance* (1440) l'affirmation qui structure le livre II, à savoir
que l'univers, n'ayant ni centre ni circonférence, est infini quoique
« privativement infini » (*De la docte ignorance*, livre II, 1, 97, trad. fr.
H. Pasqua, Paris, Payot, 2008, p. 116), à la différence de Dieu positivement
infini. C'est pourquoi Descartes se sent moins hardi que Nicolas de Cues
puisque, à l'encontre de ce dernier, il n'emploie jamais l'adjectif « infini »
au sujet de l'univers, fût-ce en prenant la précaution de l'ajout de l'adverbe
« privativement ».

En premier lieu, je me souviens que le Cardinal de Cusa et plusieurs autres docteurs ont supposé le monde infini, sans qu'ils aient jamais été repris de l'église pour ce sujet ; au contraire, on croit que c'est honorer Dieu, que de faire concevoir ses œuvres fort grandes. Et mon opinion est moins difficile à recevoir que la leur ; parce que je ne dis pas que le monde soit *infini*, mais *indéfini* seulement. En quoi il y a une différence assez remarquable : car pour dire qu'une chose est infinie, on doit avoir quelque raison qui la fasse connaître telle, ce qu'on ne peut avoir que de Dieu seul ; mais pour dire qu'elle est indéfinie, il suffit de n'avoir point de raison par laquelle on puisse prouver qu'elle ait des bornes. Ainsi il me semble qu'on ne peut prouver, ni même concevoir, qu'il y ait des bornes en la matière dont le monde est composé[1].

Le raisonnement cartésien mérite d'être restitué dans sa pleine extension. Partant de la puissance divine qu'il qualifie d'infinie, Descartes refuse de donner le même attribut à l'espace – comme matière étendue – et à Dieu. Il convient donc de distinguer ce qui se conçoit positivement – l'infinité divine – de ce qui se conçoit par négation – ce dont on ne peut déterminer les bornes. Seul Dieu peut être dit infini, tandis que le monde ou l'espace ne peuvent être dits qu'indéfinis. Or, le monde, redisons-le n'est pas *dans* l'espace mais il *est* l'espace, ce qui revient à dire que l'indéfini nomme notre incapacité à déterminer les bornes de la matière en tant qu'étendue. Mieux encore : le monde n'est pas contenu dans un espace, si bien que Descartes, en partant de la notion de corps, est arrivé à un résultat fondamental, à savoir que le monde n'a pas à être localisé car ce serait penser une extériorité au monde, et donc une

1. Descartes, *Lettre à Chanut* du 6 juin 1647, AT V, 51-52 ; FA III, 737-738.

substance accueillant ce dernier ; le monde n'est pas dans l'espace, il *est* l'espace. Il est cette matière s'étendant sans borne connaissable, pouvant adopter toutes les formes (*cf.* livre III, article 47), et que l'on peut nommer espace.

Mais ainsi que l'indique l'article 47 et que le suggérait déjà *Le Monde*, il n'y a qu'une matière à l'origine qui interdit de penser la pluralité des mondes sur le mode d'une différenciation spécifique ; or, cela semble contredire l'existence d'une matière spécifique que nous avons déjà rencontrée, à savoir la fameuse « matière subtile », requise pour rendre compte des expériences de Torricelli. D'où peut-elle donc provenir si elle n'était pas présente à l'origine et qu'il n'est au fond qu'une seule matière adoptant une pluralité de formes ? La seule solution est de comprendre que la matière subtile ne peut être liée qu'à l'usure de la matière par le mouvement. D'une certaine manière, les frottements constants entre les corps corrompent la matière qui, avec le temps, devient subtile. Non principielle, cette dernière *résulte* du frottement constant des corps, et d'une sorte d'effritement de la matière.

Mais du même coup se comprend la raison profonde pour laquelle Descartes affectionne tant le terme d'extension. L'espace a chez lui quelque chose de dynamique ; il n'est pas un cadre figé statique, il n'est pas un réceptacle absolu immobile, à l'instar de celui que conceptualise Bruno ou que thématisera Newton, mais il est l'acte même dynamique par lequel s'organise la matière. La notion d'extension exprime au mieux cette dimension dynamique qui se situe aux antipodes de la recherche d'un référent absolu par rapport auquel pourraient être pensables les mouvements : c'est l'espace lui-même en tant que matière déterminée par le mouvement qui s'étend, se compose et se recompose.

On peut alors se demander comment il se fait que la postérité de la vision cartésienne de l'« espace » n'ait pas été plus grande, et que notre vision « naturelle » de l'espace semble devoir bien moins à Descartes qu'à Newton, en dépit de la puissance du raisonnement cartésien. C'est là une véritable incongruité qu'il convient de décortiquer.

QUEL ESPACE POUR LA COSMOLOGIE RELATIVISTE ? LA RÉSISTANCE DE L'ESPACE CARTÉSIEN

L'« étrange défaite » de Descartes et le problème des tourbillons

Repartons d'un constat très simple : l'argument cartésien contre le vide est excellent, tout comme l'est l'argument contre l'absolutisation confuse d'une étendue en espace autonome, affranchi des corps étendus. Nonobstant ces arguments, la vision newtonienne l'a emporté et nous avons tous tendance à concevoir l'espace comme un réceptacle infini, indifférent aux corps qu'il contient presqu'accidentellement.

On peut considérer que l'une des raisons de cette « victoire » newtonienne est profondément liée à la question de la gravitation : devant expliquer le mouvement des corps célestes, et refusant le vide, Descartes avait forgé une hypothèse fort célèbre, à savoir celle des tourbillons d'éther emportant avec eux les planètes, et conjurant donc le risque d'une attraction qui se fût exercée à distance et sans contact. Mais cette hypothèse ne permettait aucune prédiction ni aucun calcul véritablement satisfaisant. En revanche, la loi de la gravitation telle que décrite par Newton avait ceci de décisif qu'elle autorisait les calculs et les prédictions dont la précision impressionnait le corps scientifique. Toutefois, comme nous l'avons déjà mentionné, une telle loi, dont la qualité prédictive fortifiait son crédit, supposait d'établir le vide. Le corollaire 4 de la proposition 6 du livre III annonçait ainsi non sans hardiesse : « s'il en est ainsi, le vide est donné nécessairement. ». Le Newton pléniste d'une jeunesse aristotélicienne avait laissé place à un Newton vacuiste, convaincu du vide par l'opérativité même de sa loi.

De ce fait, en vertu de la puissance même de la loi de gravitation, le vide sembla s'imposer, bien que, non seulement l'argument cartésien refusant le vide n'eût jamais été réfuté et que, de surcroît, l'espace vide newtonien n'eût de sens qu'au prix d'un éther le remplissant universellement en vue de rendre effective l'action des forces gravitationnelles à distance. On peut ainsi se demander jusqu'à quel point l'espace newtonien est véritablement compatible avec le vide, et jusqu'à quel point cela ne contribue pas à accroître la confusion autour de ces notions.

Constatons qu'à l'heure actuelle, si l'éther ne constitue plus une hypothèse couramment admise, l'idée même d'un espace vide se trouve particulièrement nuancée, dans la mesure où rien de ce que l'on appelle le vide ne semble vide. Ainsi, si l'on réinterprétait l'expérience de Torricelli à la lumière des connaissances contemporaines, nous pourrions dire que, loin d'être vide, l'espace contenu entre le sommet du tube et de la surface du mercure contient des champs électriques et magnétiques interdisant d'y voir le vide absolu que croyaient y voir Torricelli ou Pascal.

La physique quantique, quant à elle, a pu mettre en évidence un pullulement de particules, faisant du « vide quantique » un milieu rempli d'énergie et dont l'une des fluctuations les plus célèbres est appelée « force de Casimir ». Le vide quantique ne désigne donc pas un néant ni même un milieu vide mais bien une certaine quantité d'énergie utilisée par des particules virtuelles pour se manifester et se désintégrer. Certes, il s'agit là du plus bas degré possible du niveau d'énergie, mais ce n'est pas un niveau nul et ce n'est donc pas rien. Nous pouvons donc dire que le vide quantique, loin d'être vide, renvoie à l'agitation constante où les particules et les anti-particules naissent et se désintègrent dans une durée très brève, agitation décrite par le second principe d'incertitude.

À cet égard, il ne semble pas que la vision cartésienne soit réfutée puisqu'il n'est pas impossible d'actualiser son raisonnement en considérant que ce sont à l'échelle macroscopique non plus les corps déterminés mais les *champs* eux-mêmes qui s'étendent, tandis que l'agitation quantique du vide réinterprète de manière énergétique la nécessité d'une *présence étendue des forces*.

Réhabilitation einsteinne de l'espace cartésien

L'occasion nous est alors donnée de montrer combien l'espace cartésien et le refus du vide, loin d'être désuets, se trouvent bien au contraire revendiqués dans la formation de la cosmologie relativiste telle que conçue par Einstein pour laquelle l'espace, loin d'être une série abstraite de relations ou un cadre absolu affranchi des corps, apparaît lui-même comme une forme très particulière de « corps », c'est-à-dire de réalité étendue, qu'Einstein assimile à un champ. Plus exactement, Einstein ne considère pas que le champ gravitationnel viendrait remplir un espace qui lui préexisterait et dont serait affirmée l'autonomie, mais il pose que le champ gravitationnel « *est* l'espace. »[1]. À ce titre, si Einstein s'accorde avec Newton pour faire de

---

1. C. Rovelli, *Sept brèves leçons de physique*, trad. fr. P. Vighetti, Paris, Odile-Jacob, 2015, p. 16.

l'espace non pas une pure idéalité mais bien une réalité physique, il s'en écarte quant à sa nature : l'espace n'est pas un cadre autonome *dans* lequel auraient lieu des phénomènes physiques ; il est lui-même un « corps » physique – certes non pensé depuis le concept cartésien de matière – dont la structure explique les phénomènes gravitationnels. Comme l'écrit Carlo Rovelli : « L'espace de Newton dans lequel les corps se déplacent, et le champ gravitationnel qui porte la force de gravité sont une seule et même chose. »[1]. Cela revient à dire que *c'est en tant que champ* que l'espace – plus précisément l'espace-temps – dispose d'une réalité physique, donc que l'espace-temps n'existe que comme une entité décrite par les valeurs des grandeurs physiques en chacun de ses points.

À ce titre, la critique déjà croisée de Newton par Mach est essentielle : en refusant l'espace absolu autant que l'idée même de mouvement absolu, Mach avait contribué à modifier en partie le sens de l'inertie : loin de ne prendre sens qu'en référence à un espace absolu, elle se trouvait ramenée à l'action mutuelle des corps, et se trouvait donc déterminée par la distribution des masses dans l'univers. Cela revenait à poser qu'il ne pouvait y avoir d'inertie d'un objet isolé, impossibilité préfigurant selon Einstein l'importance de la notion de champ : « le "principe de Mach" s'inscrit, aux yeux d'Einstein dans le développement conceptuel qui va de la critique de l'inertie à la consolidation du concept de champ, introduit par Maxwell et Faraday, et que la relativité générale accomplit. »[2]. Dans une telle optique, qui ne fait néanmoins pas l'unanimité, le principe

---

1. *Ibid.*
2. M. Paty, *Einstein philosophe. La physique comme pratique philosophique*, Paris, P.U.F., 1993, p. 213.

de Mach peut être formulé comme l'affirmation d'un champ entièrement déterminé par une grandeur précise, celle des masses qui le constituent, concept qui, nécessairement, *impose de renoncer à la séparation entre l'espace et la matière*.

Ce sont donc les « équations de champ » qui peuvent rendre compte de la gravitation qui n'est plus une force dont les effets se feraient sentir *dans* l'espace, mais qui devient dans la Relativité générale une propriété de l'espace-temps lui-même, une courbure intrinsèque de ce dernier déterminée par la masse des corps physiques. Au total, la courbure de l'espace-temps représente la gravitation. Cela revient à dire que l'espace-temps, loin d'être le référentiel newtonien absolu, est une structure élastique que peut déformer la présence de masses convertibles en énergie. L'espace-temps apparaît ainsi comme un « mollusque » ou une « gelée » déformable à mesure des masses, et dont les déformations se propagent sous forme d'ondes dites « gravitationnelles » désormais détectables : le champ gravitationnel qu'est l'espace-temps exclut donc le concept de « force » s'exerçant à l'intérieur de l'espace et incorpore la gravitation à la géométrie intrinsèque de l'espace-temps, dont les déformations ne peuvent être pensées sans les masses.

Il convient à présent, sur la base de cette cosmologie relativiste, de prendre acte de la dette qu'Einstein pensait entretenir à l'endroit de l'approche cartésienne des corps et de l'espace. Si l'espace – plus exactement « l'espace-temps » – est bel et bien une réalité sans être une entité absolue, c'est donc que cette « toile » qu'est l'espace-temps se laisse appréhender selon la même conceptualité que celle des entités physiques classiques, donc que l'espace-temps n'est pas pensable pour et par lui-même : à l'instar

des réalités physiques classiques, il est un champ qui n'est
ni absolu ni uniforme, ni fixe, qui n'admet pas le vide, et
qui peut être dit gravitationnel.

C'est ainsi que dans sa propre présentation de la
relativité, Einstein ne cesse d'insister sur la nécessité de
congédier l'espace absolu autant que le vide, et de réhabiliter
la vision cartésienne. Dans le quatrième chapitre de *La
Relativité*, Einstein montre en effet que l'approche
newtonienne de l'inertie supposait un espace absolu que
refusait Descartes, différend qu'Einstein tranche en faveur
de ce dernier : « nous verrons plus tard que la Théorie de
la relativité générale confirme, par une voie détournée, la
conception de Descartes. »[1]. Et Einstein de préciser son
analyse en distinguant l'approche de la relativité restreinte
de celle requise en relativité générale : pour la relativité
restreinte et la mécanique classique, l'espace est indépendant
de la matière, et peut sans encombre passer pour absolu ;
en revanche, pour la relativité générale, « l'espace ne jouit
pas d'une existence indépendante vis-à-vis de ce qui remplit
l'espace, et dépend des coordonnées. »[2]. Cela revient à
dire qu'un espace vide n'existe pas car un espace vide
serait un espace dénué de champs, ce que justement toute
la relativité générale démontre comme une impossibilité.
De là la conclusion d'Einstein au sujet de Descartes :
« Descartes n'avait donc pas tellement tort quand il se
croyait obligé de nier l'existence d'un espace vide. »[3].

Ainsi donc, l'argument cartésien de l'impossibilité du
vide résiste à la cosmologie relativiste et s'avère même
bien plus compatible avec cette dernière que la cosmologie

1. Einstein, *La relativité*, trad. fr. M. Solovine, Gauthier-Villard,
1956 ; Paris, Payot, 1983, p. 156.
2. *Ibid.*, p. 177.
3. *Ibid.*, p. 178.

newtonienne. S'il est certes nécessaire de substituer l'idée de « champ » à celle de « matière » trop restrictive pour rendre compte de l'impossibilité du vide, et s'il est vrai qu'Einstein ne parvient pas à l'impossibilité du vide à partir de la nécessité qu'il n'y eût d'espace que par la matière étendue, l'ensemble du raisonnement cartésien demeure toutefois valide et montre qu'une impossibilité logique – celle du vide – ne peut miraculeusement devenir empiriquement possible. En outre, le caractère labile du champ einsteinien se conjugue harmonieusement avec l'approche dynamique de l'espace cartésien, lui-même pensé depuis l'extension de la matière qui interdit de le figer dans quelqu'état définitif tandis que l'idée de déterminer l'espace-temps depuis des coordonnées présente une résonance cartésienne, au moins dans l'esprit d'Einstein.

Précisons enfin que ce dernier ne cessa d'approfondir le lien de la Relativité générale avec les arguments cartésiens et qu'en 1952, dans la neuvième édition de la *Relativité* dotée d'une nouvelle préface, il insista sur la pertinence de l'approche cartésienne refusant que les corps fussent *dans* l'espace au profit de corps étendus rendant le vide strictement impossible. Indiquant dans cette préface l'importance d'une modification de notre représentation de l'espace, c'est-à-dire d'un abandon d'une vision newtonienne au profit d'une conceptualité cartésienne, l'illustre physicien signalait l'ajout d'un cinquième appendice en ces termes :

> J'ai souhaité montrer que l'espace-temps ne pouvait être pensé comme quelque chose auquel nous pouvons attribuer une existence autonome, indépendante de la réalité effective des objets physiques. Les objets physiques ne sont pas dans l'espace, mais ces objets sont spatialement étendus [*spatially extended*]. Dans

cette perspective, le concept d'« espace vide » perd toute signification[1].

L'espace kantien résiste-t-il à la cosmologie relativiste?

Si l'approche cartésienne fait mieux que résister à la cosmologie relativiste, il n'en va pas de même pour l'espace kantien dont deux aspects risquent d'être directement mis en péril par la relativité générale. Le premier, sans aucun doute le plus évident, tient au fait que l'espace étant une idéalité dans l'approche kantienne, il ne saurait être un champ physique qui se distend au gré des masses qui le constituent. Autrement dit, puisque l'espace-temps relativiste n'est pas indifférent aux masses, il ne constitue pas un cadre absolu et immuable que la répartition des masses laisserait inchangé. Non seulement cela suppose l'abandon d'un espace absolu mais de surcroît cela impose de conférer à l'espace-temps en tant que champ une réalité physique difficilement compatible avec l'idéalité que lui réserve Kant.

Mais il est un deuxième aspect, naturellement lié au premier, qui entre en jeu et qui concerne la géométrie de l'espace. Nous avons exposé les raisons pour lesquelles grandeurs et figures étaient données avec l'espace et constituaient le matériau non conceptuel sur lequel s'élaborait la géométrie, ainsi applicable à tout phénomène puisque procédant de la même source que ces derniers. Mais la géométrie dont parle Kant est une géométrie de type euclidien, directement tirée de l'intuition pure *a priori*, qui ne correspond plus à la géométrie de la cosmologie

---

1. Einstein, *Relativity. The Special and General Theory*, préface de 1952, trad. angl. R. Lawson, Hawthorne (États-Unis), BNPublishing, 2007, p. 7.

relativiste qui requiert une géométrie non-euclidienne fortement inspirée de Riemann (1826-1866) ; or, sans entrer dans les détails techniques d'une telle géométrie[1], il va de soi que deux périls menacent alors l'édifice kantien : en aval, ce n'est plus la géométrie euclidienne qui peut rendre compte de la cosmologie, si bien que s'ouvre une béance entre géométrie de la perception quotidienne et géométrie de la physique que l'esthétique transcendantale avait pour dessein de refermer, tandis qu'il n'est plus possible en amont de tirer la géométrie utile en cosmologie de l'intuition pure *a priori*, rendant nécessaire une interrogation sur le fondement d'une telle géométrie qui ne peut plus être intuitif.

Pour toutes ces raisons, on comprend aisément pourquoi les néokantiens[2] ont observé la percée relativiste en cosmologie avec réticence, prenant assez rapidement conscience que celle-ci menaçait très profondément tout un pan de la pensée kantienne. C'est donc avec courage qu'Ernst Cassirer affronte le problème de la Relativité et publie en 1921 un essai[3] sur cette dernière en vue de

1. Nul mieux qu'Einstein lui-même ne parvient à expliquer sa propre démarche ; ainsi, dans le cinquième chapitre de *Comment je vois le monde*, se trouvent décrites aussi bien les quatre dimensions de l'espace-temps que la signification de la métrique retenue, conduisant Einstein à conclure en ces termes : « En langage mathématique, je traduis que l'espace physique à quatre dimensions possède une métrique riemannienne. », Einstein, *Comment je vois le monde*, chap. v, trad. fr. M. Solovine, R. Hanrion, Paris, Champs-Flammarion, 1989, p. 144.

2. On entend par là un courant philosophique né dans les années 1880, et se distribuant en deux grandes branches, une première associée à l'école de Marbourg, constituée par les figures d'Hermann Cohen, Paul Natorp et Ernst Cassirer, et une seconde associée à Baden dont la principale figure fut celle de Rickert.

3. *Cf.* E. Cassirer, *La théorie de la relativité d'Einstein. Eléments pour une théorie de la connaissance*, trad. fr. J. Seidengart, Paris, Cerf, 2000.

déterminer ce qui pouvait être préservé du kantisme malgré l'avancée relativiste en cosmologie. Par ce biais, Cassirer manifeste une grande connaissance des enjeux de la physique moderne et contemporaine, comprenant fort bien la nécessité de l'abandon d'un espace absolu[1], et de l'adoption du concept de « champ », caractérisant « d'une manière très précise et distincte, pour la théorie de la connaissance, le mode de pensée typique de la physique moderne. »[2]. Cassirer prend également acte du fait que ce concept de champ réhabilite une intuition fondamentale de Descartes, à savoir la nécessité de ne pas penser de manière dualiste l'espace et la matière, le concept de *champ* unifiant les deux notions.

Que retenir dans ces conditions du kantisme ? Sans doute moins une conception spécifique de l'espace et de la géométrie qu'un *geste* intellectuel. Loin de donner sous forme dogmatique une série de concepts définitifs, le kantisme se trouve interprété comme une sorte de cadre général rendant possible l'évolution des concepts particuliers qu'il contient. Ainsi, les chapitres 5 et 6 affrontent-ils respectivement le problème de l'idéalité de l'espace (et du temps) et celui de la géométrie euclidienne. Ce faisant, Cassirer cherche à montrer que Kant dit moins ce que serait l'espace que la nécessité pour toute théorie de la connaissance

1. « Tant que la physique était restée fermement attachée au postulat de l'espace absolu, la question de savoir laquelle des différentes trajectoires d'un corps en mouvement, que l'on obtient en le considérant par rapport à différents systèmes de référence, représente son propre mouvement "vrai", cette question avait encore un sens précis ; aussi devait-on recourir, pour déterminer des valeurs métriques spatiales et temporelles tout à fait certaines par rapport à un système privilégié, à une valeur de vérité objective supérieure aux autres valeurs possibles. La théorie de la relativité s'efforce d'abandonner cette position d'exception. », E. Cassirer, *La théorie de la relativité d'Einstein, op. cit.*, p. 72.

2. *Ibid.*, p. 79.

de disposer d'un concept d'espace (et de temps) : nécessité transcendantale, l'espace n'est pas tant une idéalité séparée et absolue qu'une nécessité pour toute théorie de la connaissance de penser la spatialité des choses. Par conséquent, Cassirer réduit l'écart entre l'idéalité de l'espace d'un côté et les phénomènes de l'autre, en vue de montrer que le kantisme bien compris « exige vraiment leur "union" empirique. »[1]. Autrement dit, le kantisme actualisé ne formulerait rien d'autre que l'exigence transcendantale d'une détermination spatiale des choses, n'excluant pas par cette union que les choses puissent déterminer la forme de l'espace-temps. Au total, l'espace ne se trouve plus situé dans une idéalité pure, mais connaît une sorte de dédoublement, en ceci que se trouve d'un côté affirmée la nécessité que toute chose soit spatialisée, tandis que, de l'autre, le sens concret de l'espace puisse s'affiner ou évoluer au gré des découvertes scientifiques.

Quant à la géométrie, Cassirer profite de la difficulté posée par la cosmologie relativiste pour abandonner en partie l'idée d'une esthétique transcendantale qui, pour tout néokantien, constitue une anomalie en tant qu'elle soustrait tout un pan de la pensée humaine au cadre intellectuel. C'est là l'occasion rêvée pour montrer que le fondement des géométries non-euclidiennes est évidemment intellectuel, arrachant ainsi en retour la géométrie à l'intuition pure *a priori*, qu'elle soit de type euclidien ou non. Cassirer ne considère donc pas que la cosmologie relativiste invaliderait la géométrie euclidienne ou la rendrait pleinement obsolète ; elle demeure le repère le plus simple, et n'est pas congédiée par les publications d'Einstein, mais devient simplement un cas particulier d'une structure plus

---

1. E. Cassirer, *La théorie de la relativité d'Einstein, op. cit.*, p. 107.

vaste. Quant à l'espace kantien, il demeure valide sur son énoncé fondamental, à savoir qu'une théorie de la connaissance requiert nécessairement une approche spatialisée *et mesurable* des phénomènes dont une géométrie doit nécessairement donner la métrique. Que la métrique ait semblé euclidienne à Kant, cela dit moins une erreur fondamentale que l'impossibilité de penser autrement en 1781 au regard des connaissances de l'époque.

Cassirer sera très étrangement rejoint sur ce point par Rudolf Carnap, pilier du cercle de Vienne, qui, dans un ouvrage de 1922 consacré lui aussi à l'espace, considérera que l'espace kantien en tant qu'élément d'une théorie de la connaissance n'est que très partiellement mis en péril par la cosmologie relativiste. À la fin d'une étude très dense, Carnap conclut en ces termes son analyse du kantisme au regard de la cosmologie de son temps :

> Du côté des mathématiciens comme du côté des philosophes, il a déjà été dit et redit que la thèse de Kant sur la signification de l'espace pour l'expérience n'était pas ébranlée par la théorie des espaces non-euclidiens, mais qu'elle devait être transposée de la structure euclidienne à trois dimensions, la seule que Kant connaissait, à une structure plus générale. Mais sur la question de savoir quelle est cette structure, les réponses sont en partie indéterminées [...][1].

Se pose en revanche la question du rapport entre géométrie et réalité empirique, c'est-à-dire des conditions de la mesure avec les objets effectivement mesurés. Des axiomes géométriques, Cassirer affirme qu'ils doivent être conçus de manière intellectuelle comme des « positions

---

1. Carnap, *L'espace. Une contribution à la théorie de la science*, trad. fr. P. Wagner, Paris, Gallimard, 2017, p. 149.

constructives et purement idéales. »[1]. Autrement dit, les axiomes géométriques sont constitutifs de l'objectivité et ne dérivent pas de la connaissance de cette dernière. Par ce biais, Cassirer ne donne pas quitus au réalisme, pour lequel les rapports métriques de l'espace se tireraient d'une réalité autonome ou absolutisée, de sorte que la conceptualité des rapports métriques ne serait que le reflet intellectuel d'une réalité préexistante. Ce sont inversement les conditions de la mesure fixées par la géométrie qui déterminent ce qui peut être mesuré, et fixent les coordonnées dans tous les sens du terme des objets expérimentés. Il en découle que les objets physiques tels que connus par la physique sont connus de la manière dont le type de géométrie utilisé permet de les connaître ; mais la géométrie utilisée, et en particulier la métrique, ne sont pas des invariants : ils évoluent eux aussi au gré de des connaissances physiques. Cassirer ne considère donc pas qu'il y aurait d'un côté un sujet doté de conditions *a priori* immuables et de l'autre une réalité physique toujours soumise aux mêmes conditions de connaissance : à bien des égards, l'évolution même de la connaissance emporte avec elle l'évolution des conditions de cette dernière, le sujet ayant universellement à *constituer* l'objet mais pas à le constituer systématiquement de la même manière.

C'est pourquoi, Cassirer finit par voir dans la relativité « la compénétration, la détermination réciproque des éléments métriques et des éléments physiques. »[2]. Le sujet doit toujours se rapporter à l'objet constitué selon une métrique, la connaissance de l'objet supposant d'être universellement constituée comme mesurable, mais la

---

1. Carnap, *L'espace*, *op. cit.*, p. 115.
2. *Ibid.*, p. 123.

spécificité de la métrique peut évoluer au gré des connaissances physiques. Le néo-kantisme de Cassirer conduit
ainsi à soustraire la géométrie à l'intuition pour l'indexer
sur l'entendement sans pour autant considérer qu'il
n'existerait qu'une forme de géométrie possible, sans donc
considérer que le contenu de la géométrie serait donné une
fois pour toutes par l'*a priori*. Plus exactement, la démarche
de Cassirer ne consiste pas à évacuer l'*a priori* mais à
dissocier ce qui est *a priori* de ce qui est immuable.

C'est ainsi que, dans une perspective bien plus récente,
l'entreprise de Michel Bitbol se revendiquant du néo-
kantisme, exprime fort bien cette co-détermination, cette
« action » par laquelle l'entendement ne cesse de réélaborer
les conditions mêmes sous lesquelles se laissent expérimenter
les objets de l'expérience, les formes *a priori* n'étant pas
tant des formes immuables que des structures plastiques
de connaissance dont peut être pensée l'évolution.
L'objectivité continue de requérir des conditions de la part
du sujet, celui-ci n'accédant qu'aux objets qu'il a constitués ;
mais s'il est universellement nécessaire que l'objet soit
conditionné par le sujet, il n'est pas à exclure que le type
d'opérations par lequel le sujet construit l'objet évolue, ce
que Michel Bitbol restitue dans le cadre de « l'action » :

> L'action consiste de façon indissociable en opérations-
> du-sujet-*sur-les-objets*. Elle n'est pas rigidement
> déterminée par les seules pré-programmations du sujet,
> puisqu'elle ne cesse de s'adapter à ses cibles. Elle n'est
> pas davantage déterminée par les seules informations
> provenant de l'environnement, puisque celles-ci ne
> surgissent qu'en réponse à une action préalable […]. Ni
> purement subjectives ni purement empiriques, les formes
> générales de l'action surgissent d'une co-adaptation entre

les possibilités motrices d'un sujet et l'offre plastique d'un environnement[1].

Loin donc d'être fixé une fois pour toutes, le transcendantal doit être produit ou généré, et la philosophie transcendantale n'est jamais que l'exhibition de la genèse par laquelle le sujet ne cessant de constituer l'objet ne le constitue que depuis une perspective située et contingente.

Simultanéité et espace-temps

Un point mérite d'être ultimement élucidé. À plusieurs reprises, nous avons en effet substitué le concept d'« espace-temps » à celui d'espace, la cosmologie relativiste ne faisant pas de l'espace une entité isolable du temps, prolongeant ainsi l'un des résultats cruciaux de la théorie de la relativité restreinte énoncée en 1905. Si Einstein n'est pas le premier à établir l'intrinsèque union de l'espace et du temps, Poincaré et Lorentz l'ayant déjà suggérée, il fut sans aucun doute le premier à en comprendre la signification profonde, à savoir la nécessité de renoncer à un temps et un espace absolus[2]. Ainsi, en réfléchissant au problème de la simultanéité et à la relativité de cette dernière, Einstein put montrer qu'il était impossible d'établir une simultanéité

---

1. M. Bitbol, *Maintenant la finitude. Peut-on penser l'absolu ?*, Paris, Flammarion, 2019, p. 267.

2. Nous renvoyons sur ce point à l'argument fort convaincant de Thibault Damour selon qui Lorentz et Poincaré avaient découvert les équations sur lesquelles s'appuie Einstein mais sans remettre en cause l'espace absolu ni le temps absolu. Pour eux, parmi les diverses variables qui entraient dans ces équations, seules les longueurs, largeurs, hauteurs et dates dans le référentiel au repos défini par l'espace absolu (et l'éther) représentaient de vraies coordonnées d'espace et de temps. Les autres variables étaient soit de simples apparences, soit de simples intermédiaires mathématiques. *cf.* T. Damour, *Si Einstein m'était conté. De la relativité à la théorie des cordes*, Paris, Cherche Midi, 2012, p. 27-39.

absolue en tout point de l'espace, tout en reconnaissant sa dette à l'endroit de ses prédécesseurs[1] et en déterminant la célérité comme la vitesse maximale et constante autorisée par l'espace-temps.

Chaque système de coordonnées détient son temps propre, ce dernier n'étant plus un invariant, si bien que dès 1905 se trouve conquis le clair et net refus de référentiels absolus. Il écrit : « On entend alors par le "temps" d'un événement l'indication (position des aiguilles) de l'horloge immédiatement voisine de l'événement. À chaque événement est ainsi associée une valeur du temps qui est en principe observable. »[2]. Fort éclairante nous semble à cet égard l'analogie proposée par Thibault Damour :

> En prenant une comparaison biologique, on peut dire qu'avant Einstein, le temps était conçu comme un unique pouls cosmique, coextensif à l'ensemble de la réalité, et rythmant le devenir universel en battant, simultanément dans tout l'espace, la seconde de façon parfaitement régulière. Après la théorie de la relativité de juin 1905, cette unique pulsation régulière est remplacée par une multiplicité infinie de pouls individuels, qui sont non seulement désynchronisés entre eux, mais qui battent en général des secondes toutes différentes entre elles[3].

Nous parvenons donc à un résultat capital, à savoir que la relativité de la simultanéité signifie que deux événements séparés dans l'espace ne peuvent être dits *absolument* simultanés, dans la mesure où la simultanéité dépend du

---

1. *Cf.* Par exemple dans *Comment je vois le monde*, *op. cit.* : « La théorie de Maxwell Lorentz aboutit inéluctablement à la théorie de la relativité restreinte qui, pour détruire la fiction de simultanéité absolue, s'interdit de croire en l'existence de forces agissant à distance. », p. 169.

2. Einstein, *La relativité*, *op. cit.*, chap. I, p. 33.

3. T. Damour, *Si Einstein m'était conté*, *op. cit.*, p. 39.

cadre de référence de l'observateur depuis lequel est effectuée la mesure. Qu'est-ce à dire si l'on traduit ce résultat dans un cadre purement philosophique ? Cela signifie premièrement que l'espace ne peut être indifférent au temps et que le temps, jusqu'à un certain point, donne la vérité de l'espace, et deuxièmement que la mesure du temps par l'observateur dépend de son lieu et de son mouvement, donc que lieu et mouvement donnent à leur tour la vérité du temps.

Il se trouve que ce passage de l'espace au temps et du temps au lieu et au mouvement constitue la trame par laquelle Hegel, dans la *Philosophie de la nature*, décrit la dialectique du temps et de l'espace. Il ne s'agit pas pour nous de montrer que Hegel anticipe les grands résultats de la relativité restreinte – ce serait ridicule –, ni de faire de thèses scientifiques le critère de vérité ou de pertinence des théories philosophiques, mais bien plutôt d'indiquer que l'approche *physique* de l'espace et du temps que propose la relativité restreinte est en tout point conforme à l'analyse *conceptuelle* qu'en mène Hegel qui ne prétend pas élaborer de théorie physique mais ambitionne de déterminer sur le seul plan du concept les conditions dynamiques par lesquelles l'espace requiert le temps et par lesquelles le temps requiert le lieu et le mouvement.

Qu'est-ce que la Nature au sens hégélien ?

Pour comprendre la démarche hégélienne déjà croisée depuis le seul angle de la conscience dans la *Phénoménologie de l'esprit*, il convient de commencer par identifier ce qu'il appelle la Nature dont nous rappelons à nouveau qu'il ne cherche pas à déterminer une connaissance scientifique mais dont il ambitionne d'établir les critères nécessaires

et universels depuis lesquels celle-ci peut être philo-
sophiquement pensée, Hegel menant une *philosophie* de
la Nature et non une science physique de celle-ci. Posons
donc la question initiale : que signifie la nature pour la
pensée, dont la *Science de la Logique* avait déterminé les
catégories ? La Nature est d'abord pour un sujet pensant
ce qui est conçu comme *extérieur*. Plus exactement encore,
la Nature est conçue comme la réalité extérieure en tant
qu'elle est dotée d'un sens identifiable et connaissable. De
ce fait, la Nature ne se réduit pas à la simple extériorité
car, considérant qu'elle peut être connue et comprise, nous
présupposons qu'elle est dotée d'un sens. Or, Hegel appelle
Idée non pas le contenu de pensée du sujet, mais bien plutôt
le sens accompli, le sens concret des choses que peut
déployer un discours. La Nature est donc Idée en tant que,
face à elle, nous ne sommes pas muets, et que le discours
peut en déplier le sens. De ce fait, la Nature doit être posée
selon deux caractéristiques complémentaires : 1) elle nous
apparaît comme extérieure, et 2) en tant que nous
présupposons qu'elle est dotée d'un sens dont témoigne
le discours à son sujet, elle relève de l'Idée. De là le résultat
fondamental de Hegel : la Nature est l'Idée se présentant
sous la forme de l'extériorité, c'est-à-dire une réalité dotée
d'un sens dont nous considérons qu'il est indépendant de
nous :

> La nature s'est produite comme l'Idée [*als die Idee*] dans
> la forme [*in der Form*] de *l'être-autre* [*Andersseins*].
> Puisque l'*Idée* est ainsi en tant que le négatif d'elle-même
> ou est *extérieure à elle-même* [*sich äußerlich*], la nature
> n'est pas extérieure seulement de façon relative, par
> rapport à cette Idée (et par rapport à l'existence subjective
> de celle-ci, à l'esprit), mais l'*extériorité* [*Äußerlichkeit*]

constitue la détermination dans laquelle elle est en tant que nature[1].

Comprenons bien le propos hégélien : tout le premier moment de l'*Encyclopédie* visait à examiner l'activité de la pensée depuis la pensée elle-même ; la Science de la Logique est donc la progressive conquête de l'Idée mais en tant que sens de la pensée pour la pensée. Or, une fois déterminées les catégories de la pensée par lesquelles seules advient le sens, doit être affronté le fait que, *pour la pensée*, il est une réalité universelle extérieure qu'est la Nature. Il convient donc d'examiner la manière dont la pensée peut rendre compte de ce qui n'est pas elle, de ce qui *lui* apparaît comme extériorité, et donc de sonder ce qui peut être dit de cette réalité dotée d'un sens – Idée – se présentant dans l'extériorité à la pensée mais ne pouvant être pensée que par la pensée. La pensée affronte donc son autre, mais dire de la Nature qu'elle est autre chose que la pensée, c'est déjà déterminer la Nature depuis la pensée.

Illustrons ce paradoxe : lorsque je contemple les étoiles, je considère que ce que je contemple a du sens – ce sont des étoiles dont le mouvement obéit à des lois – mais ce sens ne semble pas me concerner en ceci qu'il paraît subsister *indépendamment* de moi. C'est cette indépendance que Hegel appelle « extériorité ». Mais en même temps, qui pose le fait que les étoiles existent par elles-mêmes et indépendamment de moi ? C'est évidemment moi : c'est donc bien la pensée qui détermine les phénomènes naturels comme indépendants, comme *extériorité*, et ce n'est donc qu'en sondant la signification profonde de l'extériorité que pourra être conquise pour un sujet pensant la signification

1. Hegel, *Encyclopédie des Sciences philosophiques*, tome II, *Philosophie de la Nature*, § 247, trad. fr. B. Bourgeois, Paris, Vrin, 2004, p. 187.

de la Nature, que pourra être conceptuellement compris ce que signifie *pouvoir discourir de ce qui se présente comme indépendant de la pensée.*

Analysons donc, à la manière hégélienne, ce que peut bien signifier cette Nature comme Idée se donnant dans la forme de l'extériorité en vue de déterminer les catégories intellectuelles qui, *de manière nécessaire,* doivent être mobilisées pour en rendre compte et qui, à n'en pas douter, porteront à chaque instant la trace de l'extériorité séminale. Remarquons en un premier temps que si je conçois la Nature comme extérieure, c'est donc que je situe celle-ci dans une relation spatiale, l'extériorité n'ayant de sens que spatialement. De ce fait, la première détermination identifiable de la Nature ne peut être que l'espace ; dire de celle-ci qu'elle se manifeste comme extériorité, c'est dire qu'elle requiert de manière immédiate l'espace, et qu'en lui elle se distribue en éléments qui s'étendent et donc s'extériorisent les uns par rapport aux autres, les relations *partes extra partes* constituant sa détermination immédiate :

> La détermination première ou immédiate de la nature est l'abstraite *universalité de son être-hors-de-soi* [*Außersichseins*], – l'indifférence non médiatisée de celui-ci, *l'espace.* L'espace est la pleine idéalité de *l'être-l'-un-à-côté-de-l'autre* [*Nebeneinander*], parce qu'il est l'être hors-de-soi [*Außersichsein*], – et il est, sans réserve, *continu,* parce que cet être-l'un-hors-de-l'autre [*Außereinander*] est encore tout à fait *abstrait* et n'a en lui-même aucune différence déterminée[1].

Hegel raisonne ici en deux temps : en premier lieu, il s'agit de dire que tout phénomène naturel est conçu comme extérieur, si bien que l'universalité indifférenciée – indifférente – des réalités naturelles relève d'une extériorité

1. *Ibid.,* § 254, p. 193.

présupposant une spatialité relevant de la juxtaposition. C'est pourquoi apparaît en un deuxième temps la reprise des relations *partes extra partes*, toujours présupposées lorsque se trouve conçue la Nature comme extériorité. Ainsi, et sans les nommer, Hegel conjugue deux approches qui pouvaient sembler contradictoires, celles de Kant et de Leibniz : de Kant, Hegel reprend l'idée d'une extériorité à l'égard de la pensée, et de Leibniz il reprend la structuration comme juxtaposition des relations spatiales. La Nature spatialisée apparaît donc comme ce qui *m*'est extérieur (reprise kantienne) mais aussi comme ce qui, entre chacun de ses éléments, entretient des relations d'extériorité (reprise leibnizienne), la Nature étant donc *structurellement conçue comme ce qui nie l'intériorité*.

Mais, ce faisant, je ne parle d'aucune réalité naturelle en particulier ; je n'ai affaire qu'à une universalité abstraite et indéterminée, ne ciblant pas les entités naturelles comme telles. Pour le dire autrement, en procédant ainsi, j'homogénéise la Nature, traitant de la même manière un corps astral, un ver de terre et une racine d'arbre. Or, homogénéiser, c'est être indifférent aux qualités des choses par lesquelles seules adviennent de véritables différenciations ; de ce fait, l'homogénéité suppose une approche quantitative, pour laquelle n'ont lieu que des différences inessentielles et superficielles de grandeur et non de nature. C'est là quelque chose qui peut surprendre car la Science de la Logique avait révélé que la détermination immédiate des choses était leur qualité, le fait d'être tel ou tel, la quantité étant seconde ; or, avec la Nature, par l'homogénéité spatiale, la première détermination est quantitative à rebours des exigences de la Logique. Cela tient au fait que la Nature étant pensée selon l'extériorité, sa première détermination n'est pas une détermination immédiate : elle ne peut être saisie que depuis des relations qui la médiatisent. D'où le paradoxe crucial de l'espace : formellement parlant, il est la détermination immédiate de la Nature, mais quant à son contenu, il détermine les éléments naturels comme devant être médiatisés par leur relation, par la relation d'extériorité qu'ils entretiennent entre eux :

> La nature ne commence pas par le qualitatif, mais par le quantitatif, parce que sa détermination n'est pas, comme l'être logique, ce qui est abstraitement premier et immédiat, mais essentiellement déjà ce qui est *médiatisé* dans soi-même, un être-extérieur et un être-autre[1].

Il n'est en somme pas possible de décrire immédiatement la Nature comme immédiate ; sa description immédiate la révèle comme médiatisée. C'est à présent que peut commencer le moment spécifique de l'analyse qui, chez Hegel, consiste toujours à *exhiber une contradiction qui ne soit pas une incohérence* mais bien plutôt un motif guidant la pensée. En l'occurrence, la contradiction relevée porte sur le problème de la différence et de l'extériorité : l'espace comme structure homogène de juxtaposition détermine une situation où les réalités naturelles sont extérieures les unes aux autres ; de ce fait, du point de vue de l'espace, elles sont *différentes* puisque différemment situées. Mais l'espace comme tel est une structure homogène, donc une structure *indifférente* aux choses ; partant, il y a une contradiction entre l'indifférence de l'espace à l'endroit des choses, et la différence spatiale qui découle de la juxtaposition. Pour le dire autrement, la contradiction

1. Hegel, *Encyclopédie des Sciences philosophiques*, tome II, § 254, Rq., p. 194.

fondamentale de l'espace tient au fait que l'indifférence de l'homogène génère de la différence, et cette contradiction ne peut être dépassée que par l'introduction de déterminations qualitatives que décrit le § 256 et qui sont les figures spatiales basiques : point, ligne, surface, qui semblent se différencier qualitativement.

Toutefois, l'intérêt de l'analyse n'a de sens que si elle révèle à son tour une contradiction. Autrement dit, puisque l'analyse est ici menée du point de vue de la détermination qualitative des choses, alors il y a contradiction si la détermination qualitative finit par nier la détermination qualitative. Or, distinguer qualitativement un point d'une ligne, nier qu'une ligne soit un point, c'est en réalité procéder à une négation sur la base de critères *spatiaux* – l'étendue, les dimensions – donc *quantitatifs.* Il y a ainsi contradiction puisque les différences qualitatives se traduisent par des configurations quantitatives différentes. En somme, les différences qualitatives des choses spatiales ne sont possibles qu'en convoquant des critères spatiaux, de sorte que la traduction immédiate d'une différence qualitative soit quantitative, les différences qualitatives ne parvenant donc pas à se fonder sur des déterminations intrinsèques.

Emparons-nous donc de l'échec qui vient d'être rencontré, et emparons-nous par la pensée de la pensée de l'espace. Comment se fait-il que nous ne parvenions pas à déterminer une différence qualitative ne se ramenant pas à des critères quantitatifs ? Que signifie l'échec d'une véritable détermination qualitative des choses naturelles ? Il signifie que la différence ne peut pas être une propriété réelle des choses naturelles. Pour le dire autrement, une différenciation qualitative des choses est contradictoire en ceci qu'elle nous *ramène à nous-mêmes* en tant que c'est nous qui posons les différences ; pour le dire simplement, *c'est nous qui affirmons la différence qualitative des choses dans l'espace*, une chose naturelle n'ayant pas pour propriété d'être différente d'une autre. Un arbre n'a pas pour propriété d'être différent d'une tulipe ni d'un chat, et c'est donc nous qui posons de telles différences au sujet des choses naturelles. Mais nous les posons depuis nous-mêmes, ce qui revient à dire que nous nions l'extériorité ou, plus exactement, que la différenciation entre les choses naturelles ne s'effectue qu'au prix de la négation de leur extériorité et d'un retour à l'intériorité de la pensée. Or, cette négativité indifférente à l'extériorité spatiale, c'est exactement ce que Hegel appelle « le temps » (§ 257).

L'espace-temps hégélien

Hegel ne juxtapose pas l'espace et le temps comme étant deux formes du sujet pensant par lesquelles celui-ci pourrait se rapporter à la nature : il montre au contraire que l'analyse de la nature comme spatiale *conduit nécessairement à conceptualiser le temps comme négation de l'espace*, c'est-à-dire comme indifférence à l'endroit de l'extériorité par laquelle le premier moment naturel avait été pensé. De ce fait, la différenciation des réalités naturelles n'est jamais que l'œuvre du temps, c'est-à-dire le cadre par lequel le sujet pensant distingue les choses étendues : de ce point de vue, *le temps apparaît comme la vérité de l'espace en tant que parcouru de différences qualitatives*, le temps étant donc l'activité de différenciation du sujet pensant ou, mieux encore, le devenir du négatif. Ainsi, l'introduction de déterminations au sein de la nature ne s'effectue qu'au prix de la négation de l'extériorité et du retour à l'intériorité du sujet pensant qu'est le temps[1].

L'écart avec Kant est alors manifeste : par l'espace et le temps, celui-ci énumère par juxtaposition les conditions *a priori* sous lesquelles le sujet peut se rapporter aux choses en soi sous la forme de phénomènes. Autrement dit, Kant ne rend pas compte du lien de nécessité qui, après avoir exposé l'espace, impose de passer au temps. En revanche, en analysant jusqu'au bout le concept d'espace, et se laissant guider par le développement de celui-ci, Hegel exhibe les raisons pour lesquelles l'espace conduit nécessairement au temps, de sorte que ce dernier, loin d'apparaître gratuitement comme un élément venant descriptivement après l'espace, s'inscrit dans la continuité logique du développement de son concept et révèle que l'espace pensé sans le temps serait incomplètement appréhendé.

Mais, à son tour, le temps fait l'objet d'une description et d'une analyse dialectiques permettant de mettre au jour son immédiateté, son moment médian et sa vérité. De manière immédiate, le temps est négation de l'espace, négation de la nature comme extérieure. Mais une telle négation se redouble et se fait négation en général : le temps est devenir et impermanence. Reprenant Aristote, Hegel montre alors que le temps en vient à nier le temps puisque le passé n'est plus, l'avenir n'est pas encore, tandis que le présent s'efface en un instant ; le temps ne peut ainsi que se nier lui-même, supprimant ses dimensions qui ne sont jamais qu'une partition menée par la vie consciente

---

1. L'addition du § 253 est la plus claire à cet effet : « L'être-hors-de-soi se décompose aussitôt en deux formes, une première fois en tant qu'il est positif – l'espace –, puis en tant qu'il est négatif – le temps. », *Ibid.*, § 253, Add., p. 358.

– par l'intériorité. En somme, *en supprimant les dimensions du temps, le temps nie l'intériorité de la pensée et retrouve l'extériorité*. Mais se contente-t-il de retrouver l'extériorité telle qu'elle avait été posée initialement ? Assurément non car l'espace retrouvé est un espace certes indéterminé qualitativement mais qui conserve la marque de la négativité qu'est le temps. De ce point de vue, c'est un espace excluant qui se trouve désormais conquis, à savoir l'espace sous la forme du *lieu* qui n'est jamais que le point en tant que porteur de la négativité du temps : être « ici », c'est structurellement *ne pas être ailleurs*.

À quoi rime – que l'on nous pardonne la familiarité de l'expression – l'analyse que mène ici Hegel ? Tout l'enjeu est de montrer que la saisie de l'espace comme espace absolu est impossible : la pensée saisissant la vérité de l'espace ne peut non seulement pas le saisir indépendamment du temps, et doit donc concevoir un espace-temps, mais elle doit de surcroît renoncer à faire de l'espace un milieu homogène universel : la vérité même de l'espace se joue dans le lieu, dans la singularité, bien que les lois soient les mêmes partout. Ce n'est donc pas l'espace qui est une universalité homogène, ce sont les lois qui le sont, et toute saisie authentique de l'espace ne s'effectuera que depuis la singularité du lieu.

Mais n'oublions pas que le lieu demeure un élément de la philosophie de la Nature toujours déterminée selon l'extériorité ; de ce fait, si le lieu est le concept spatial de point marqué de la négativité du temps, c'est donc qu'il ne peut être posé que comme négation de l'ailleurs, et souffre de l'incapacité à se donner à lui-même son propre sens ; en d'autres termes, le sens du lieu n'est pas donné par le lieu, il lui est extérieur. Mais de quelle extériorité s'agit-il ?

Si l'on comprend Hegel, on comprend que son propos vise à montrer qu'« ici » ne veut rien dire comme tel, qu'« ici » nie donc sa localisation déterminée, et ne prend sens qu'à partir d'autre chose que lui-même : en l'occurrence il ne prend sens qu'à partir de la matière, des corps matériels, seul quelque chose de matériel pouvant être *ici*. On comprend donc que le temps s'auto-niant pour revenir à l'espace en tant que lieu s'achève dans le concept de matière : je ne puis donner sens à « ici » sans une réalité matérielle.

En outre, l'espace se niant pour se faire temporel, est manifestation de différences spatiales à travers le temps, c'est-à-dire *mouvement* ; or, le mouvement requiert lui aussi le concept de matière, car seul un corps matériel peut être en mouvement.

Il en découle que la conquête des concepts de lieu et de mouvement rend absolument nécessaire le maniement du concept de matière. Autrement dit, *la matière constitue à son tour aussi bien la vérité du lieu que du mouvement* (§ 261), parachevant l'impossibilité de penser l'espace (et le temps) comme absolus puisque conceptuellement liés à la présence de la matière. Par ce biais, Hegel retrouve par le patient déroulement des nécessités du concept un résultat cartésien essentiel : penser la réalité naturelle, c'est avant tout penser l'espace qui ne peut en fin de compte être pensé que depuis un corps matériel. N'oublions pas en effet que la vérité d'un moment donne la condition sous laquelle seule pouvait être pensé ce moment : si donc la matière apparaît comme la vérité de l'espace et du temps, c'est donc qu'il est impossible de penser l'espace-temps indépendamment de la matière que Hegel définit ainsi : elle est « l'unité comme *être-là immédiatement identique* des deux [de l'espace et du temps]. »[1].

1. *Ibid.*, § 261, p. 202.

Concluons. Que conquiert au juste Hegel par l'analyse de la Nature en tant qu'Idée se posant dans la forme de l'extériorité ? Trois éléments se trouvent pleinement établis :

1) Le premier est l'impossibilité de penser l'espace sans le temps ou le temps sans l'espace. Loin de juxtaposer comme l'avait fait Kant l'espace et le temps comme deux formes successives de la sensibilité, Hegel fait au contraire naître le temps de l'espace, et re-spatialise le temps pour déterminer l'instant. C'est pourquoi il parvient à l'affirmation selon laquelle « il n'y a de tous deux [de l'espace et du temps] qu'une *unique* détermination. »[1]. Ce faisant, Hegel montre la nécessité de parvenir à un concept d'« espace-temps », *ce qui ne constitue pas une thèse de Hegel mais une nécessité pour toute pensée déroulant jusqu'au bout les concepts d'espace et de temps*. Bien que parfois difficile à comprendre, l'entreprise hégélienne est pourtant claire dans ses ambitions, à savoir établir les nécessités auxquelles nous conduit l'examen du concept, lequel n'est plus tant un sens isolé qu'une dynamique qui, correctement parcourue, impose à la pensée de passer d'un élément à l'autre. Là où Kant juxtapose de manière descriptive – et donc arbitraire – un certain nombre de choses, Hegel développe le concept même de Nature et obtient nécessairement celui d'espace, puis celui de temps, puis celui de lieu, puis celui de matière. Ce faisant, il révèle à chaque fois la vérité du moment antérieur : on ne peut penser l'espace sans le temps, on ne peut penser le temps sans le lieu, on ne peut penser le lieu sans la matière, et ainsi de suite.

2) Hegel résout par ailleurs une contradiction que nous avions soulevée en introduction au sujet de l'espace moderne : la pensée de l'espace comme cadre vide impose de faire de l'espace une abstraction entrant en contradiction

1. *Ibid.*, § 267, Rq, p. 215.

avec le fait que, empiriquement, nous n'avons affaire qu'à des *corps* et donc qu'à de la matière. L'idéalité du cadre vide heurte de plein fouet la réalité empirique du rapport au monde. Or, en développant les implications du concept d'espace-temps, Hegel montre que l'espace abstrait n'est que le premier moment d'une réflexion sur la Nature dont le développement conduit nécessairement à la matière, et à l'impossibilité de penser celui-là sans celle-ci, l'erreur étant d'isoler deux moments solidaires d'un même développement. Au fond, la pensée dite d'entendement dont le kantisme est la plus manifeste illustration, qui ne cesse d'isoler les choses, sépare artificiellement le cadre de son contenu, la forme de la matière, ce que Hegel critique vivement dans le § 261[1].

3) Enfin, nous comprenons que Hegel ne cherche pas à dicter à la physique ses résultats mais il ambitionne toutefois de lui donner une armature conceptuelle : la physique bien pensée ne peut pas isoler l'espace et le temps, et elle doit les saisir selon une même détermination. De même, la physique bien pensée ne peut pas théoriser l'espace en général ou le temps en général mais doit s'appuyer sur la nécessité que l'espace-temps trouve sa vérité dans des déterminations locales et des mouvements,

---

1. « Le passage de l'idéalité à la réalité, de l'abstraction à l'être-là concret ici : de l'espace et du temps à la réalité qui apparaît comme *matière*, est incompréhensible pour l'entendement, et s'opère donc pour lui toujours de manière extérieure comme quelque chose de donné. La représentation courante est de considérer l'espace et le temps comme *vides*, indifférents à l'égard de ce qui les remplit, et pourtant toujours comme pleins, de les faire *remplir*, comme *vides*, du *dehors*, par la matière, et, de cette manière, de supposer les choses matérielles, d'une part, comme indifférentes à l'égard de l'espace et du temps, et, d'autre part, en même temps, comme essentiellement spatiales et temporelles. », *Ibid.*, § 261, Rq., p. 202.

lesquels conduisent nécessairement au concept de matière qui, *loin d'être un remplissement extérieur à l'espace et au temps, en est la continuation logique.* Autrement dit, le corps matériel ne s'ajoute pas en surcroît à un cadre qui serait par lui-même vide, mais se déduit de la dialectique même de l'espace qu'ouvre toute philosophie de la Nature. À cet égard, la relativité restreinte, sans être anticipée par Hegel ni lui être volontairement subordonnée, est parfaitement conforme aux réquisits conceptuels de ce dernier quant à ce que doivent être l'espace, le temps, le lieu et le mouvement. Les raisons que déploie Einstein sont tout autres que celles de Hegel, proviennent de l'observation et de la mesure mais parviennent à un sens des concepts mobilisés similaire à celui que révèle la seule analyse conceptuelle.

CONCLUSION

Cette approche de l'espace, loin d'en restituer une histoire linéaire des conceptions, a cherché à défendre quatre thèses que nous souhaitons ici rappeler.

L'historicité du concept d'espace et ses implications

La première a consisté à montrer que, en amont même des débats portant sur la nature de l'espace, se joue la possibilité même qu'émerge le concept d'espace et que celui-ci fasse l'objet non seulement d'une affirmation mais de surcroît d'une analyse spécifique. Ni le monde antique ni le monde médiéval ne semblent avoir éprouvé le *besoin* de développer un tel concept, les notions de *lieu* ou de *vide* ayant semblé suffisantes pour rendre compte des phénomènes matériels et de leur localisation. Rappelons qu'Euclide avait pu synthétiser dans les *Éléments* une géométrie axiomatisée sans jamais faire appel à la notion de l'espace, se contentant des figures et de leur mesure à l'aide de la règle et du compas. Ce que l'on appelle aujourd'hui l'« espace euclidien » relève bien davantage de la conjugaison de l'espace moderne et d'une reformulation vectorielle de l'axiomatique euclidienne que des *Éléments* eux-mêmes.

Le concept d'espace n'émerge donc qu'avec la Renaissance – peut-être un peu avant avec Crescas – mais ne semble pas disposer d'une évidence telle qu'il pourrait s'imposer à tous, comme si la désubstantialisation des choses requise pour admettre ce concept en son sens plénier rencontrait une résistance. Ce n'est sans doute pas un hasard si Newton, voulant penser le mouvement et l'accélération plus que les choses elles-mêmes, s'est approché au plus près du concept en sa pureté par l'affirmation de la réalité de l'espace et de son absoluité.

Mais si nous avons spontanément tendance à concevoir l'espace à la manière newtonienne comme un cadre vide *dans* lequel s'établissent les objets et leurs relations, force est de constater qu'une telle approche n'est ni évidente ni même écrasante dans l'histoire des idées. Descartes et ses héritiers ont œuvré pour refuser toute autonomie à l'espace, systématiquement rapporté à l'extension de la substance matérielle, tandis que les deux théories de la relativité, restreinte et générale, se sont bâties sur le refus séminal de tout espace absolu. Mieux encore, en faisant de l'espace-temps un champ gravitationnel, la relativité générale a, sans nier la réalité de l'espace-temps, réfuté toute spécificité ontologique de ce dernier.

De ce point de vue, il convient peut-être de prendre la mesure de l'interrogation d'Oswald Spengler qui, rappelant l'inexistence du concept d'espace dans le monde antique, s'était demandé de quel symptôme le besoin moderne de penser l'espace était l'expression :

> Pourquoi donc personne n'a-t-il remarqué que l'Antiquité tout entière n'a pas dépensé un mot sur ce sujet [l'espace] et qu'elle ne posséda pas même un mot pour énoncer ce problème ? Pourquoi les grands présocratiques gardèrent-ils le silence ? Ont-ils oublié dans leur univers ce qui

nous paraît précisément l'énigme de toutes les énigmes? Ne devions-nous pas savoir que la solution est précisément impliquée dans *ce silence*? Comment se fait-il que l'«univers» pour *notre* sentiment cosmique ne soit rien d'autre que cet espace unique, véritable produit de l'expérience de la profondeur, dont les systèmes solaires qui s'y perdent confirment une fois de plus le vide sublime? Penseur antique fut-il jamais capable de comprendre *ce* sentiment? On découvre tout à coup que cet «éternel problème», traité avec la passion d'un acte symbolique par Kant, au nom de l'humanité, est un problème *purement occidental* sans aucune existence dans l'esprit des autres cultures[1].

Comprenons bien le double enjeu de cette question : il y a d'une part celui d'une détermination du changement mental qu'introduit la modernité et dont le besoin de conceptualiser l'espace, c'est-à-dire au fond le cadre universel de toutes choses, constitue une expression privilégiée, voire un symptôme. Mais, de manière plus problématique, se joue également la pertinence des théories en grande partie élaborées au siècle des Lumières pour lesquelles l'espace est une notion ou une forme *a priori*, donc quelque chose dont tout sujet, quelle que soit l'époque ou le lieu, devrait avoir conscience. Si rien n'indique que le monde antique et même médiéval se soit représenté le monde comme situé *dans* l'espace, alors il est tentant de considérer que les deux millénaires écoulés constituent une réfutation empirique de toute notion d'espace ancrée dans l'universalité des représentations du sujet.

---

1. O. Spengler, *Le déclin de l'Occident. Esquisse d'une morphologie de l'histoire universelle*, tome I, *Forme et réalité*, trad. fr. M. Tazerout, Paris, Gallimard, 1948, p. 173-174.

Plus subtile peut-être serait l'interrogation visant à se demander si une représentation nécessaire et universelle peut ne devenir effective qu'à un moment déterminé et particulier de la pensée humaine, ce qui imposerait d'appréhender une sorte d'universalité *en puissance* ne devenant effective qu'à une époque particulière, le tout sous une perspective accordant à ladite époque le privilège d'accomplir un progrès. Mais le risque serait grand de confondre un besoin intrinsèque d'une époque avec l'accomplissement d'une potentialité restée en sommeil plusieurs millénaires durant. Quoi qu'il en soit, il importe de prendre au sérieux le problème que pose l'inexistence de conceptions de l'espace avant la Renaissance au regard de pensées affirmant l'universalité de ce concept, et de sonder ce que peut signifier son émergence :

> C'est justement cette spatialité toute-puissante, génératrice et destructrice de la substance de toutes choses – qualité spécifique et suprême de l'aspect de *notre* univers – que l'humanité antique, *ignorant jusqu'au mot et au concept d'espace*, niait à l'unanimité comme *inexistante, to mè on.* [...]. Pour l'œil antique, la statue avec son admirable corporéité, tout entière construction et plan expressif sans arrière-pensée incorporelle, contenait absolument tout ce qui s'appelait réalité[1].

Par ces lignes quelque peu grandiloquentes, se comprennent donc les deux niveaux de réflexion : une pensée de l'espace n'a pu s'établir qu'au prix d'un écart à l'endroit des choses conçues comme substantielles[2],

1. O. Spengler, *Le déclin de l'Occident, op. cit.*, p. 174.
2. Remarquons d'ailleurs que Spengler et Cassirer effectuent le même constat, le premier pour le déplorer, le second pour le louer. Dans *Substance et fonction* (1910), Cassirer avait en effet restitué – mais pour la louer – la progressive émancipation de la pensée à l'endroit de la

l'apparition de l'espace comme *besoin* traduisant une mutation ontologique profonde, et en même temps l'apparition tardive d'un tel concept met en échec toute affirmation de sa nécessaire universalité.

Une double réhabilitation : l'espace cartésien et la philosophie de la Nature hégélienne

La seconde thèse que nous avons souhaité défendre concerne la réhabilitation de deux approches souvent méprisées, à savoir la cosmologie cartésienne et la philosophie de la Nature hégélienne.

La conception spécifiquement cartésienne de l'espace nous paraît en effet bien plus compatible avec la cosmologie relativiste que celles de Bruno, Newton, Hume ou Kant. Il ne s'agit évidemment pas de faire des travaux d'Einstein le critère absolu de vérité des positions philosophiques, ni même de faire des connaissances scientifiques d'une époque le juge de paix définitif de problèmes complexes. Mais il s'agit en revanche de souligner la parenté entre la cosmologie relativiste et la vision cartésienne, parenté mise en avant par Einstein lui-même, et trop souvent oubliée à cause de l'échec explicatif et prédictif de la théorie des « tourbillons ». Si celle-ci, constituée *ad hoc* pour rendre compte du mouvement des corps planétaires, s'est avérée scientifiquement stérile, les fondements de la cosmologie cartésienne, refusant à la fois l'autonomie de l'espace, le vide et liant les corps matériels et l'étendue, ne se trouve nullement réfutée par la cosmologie contemporaine, Descartes étant même l'un des premiers si ce n'est le premier à penser la

substance au profit d'une pensée relationnelle, se détachant donc de choses absolues pour comprendre que les objets ne pouvaient être constitués que selon des relations.

dynamique même de l'espace tirée de l'extension de la matière et de ses mouvements.

Certes, la critique leibnizienne de l'incapacité de l'étendue à rendre compte de l'inertie comme force interne des corps n'est pas sans pertinence mais elle ne nous semble pas caractériser une nécessité représentationnelle : plus exactement, s'il est vrai que nous ne pouvons pas nous représenter un corps matériel autrement qu'étendu, il n'est pas vrai que nous nous représentons nécessairement les corps matériels comme dotés d'une force d'inertie. De ce fait, l'étendue et la force d'inertie ne disposent pas du même statut du point de vue des nécessités depuis lesquelles nous nous représentons les corps, l'inertie relevant d'une connaissance physique voire métaphysique, là où l'étendue procède d'une nécessité de la représentation.

Quant à la philosophie de la Nature qu'il convient de ne pas confondre avec l'élaboration d'une théorie physique, elle décrit les nécessités conceptuelles issues d'une approche de la Nature pensée comme extériorité. Par ce biais, Hegel parvient à trois nécessités d'ordre conceptuel : 1) la nécessité de penser simultanément l'espace et le temps selon une détermination unique que nous avons appelée « espace-temps », 2) l'impossibilité d'un espace (et d'un temps) absolus au profit de mouvements locaux, et 3) la dépendance de l'espace-temps à l'endroit des corps matériels qui constituent la « vérité » de l'espace-temps, c'est-à-dire la présupposition sans laquelle l'espace-temps ne pourrait être pensé en totalité. À cet égard, bien que Hegel ne prétende aucunement énoncer une quelconque physique empirique, il détermine néanmoins une nécessité conceptuelle que la théorie de la relativité restreinte, pour de tout autre motifs et par de tout autres voies, retrouve en physique.

Figurabilité des concepts et spatialité

En réhabilitant l'approche cartésienne de l'espace, nous devons attirer l'attention sur le rôle de l'imagination que, dès les *Regulae*, Descartes convoque afin de dissiper tout risque d'une hypostase de l'étendue affranchie de *ce qui est étendu*. Autrement dit, il y a avec l'espace comme une continuité entre l'entendement et l'imagination, une sorte d'appui imaginatif requis par l'entendement lorsque doit être conçu l'espace. L'image que nous nous faisons de l'espace ne corrompt pas ce dernier mais lui confère au contraire une sorte d'assise imagée déterminant le représentable.

Mais peut-être serait-ce l'occasion d'élargir la solidarité de l'entendement et de l'imagination en se demandant si ce n'est pas au fond toute forme de concept qui, pour être bien conçue, devrait recevoir le secours de l'imagination comme présentation d'une image *spatiale*, et se laisser représenter *sous la forme d'une image étendue*. On peut ainsi brièvement songer à Nicolas Oresme (1322-1382) ayant perçu la nécessité de représenter de manière artificielle *l'intensio* (l'intensité d'une qualité) sur une ligne étendue, c'est-à-dire sur de l'*extensio*, la qualité étant comprise comme *figurable* et donc comme représentable sous forme étendue. De manière plus générale, il nous paraît nécessaire de rappeler que Kant lui-même, pour indiquer la démonstration de la portée objective des catégories, sollicite la figuration étendue des concepts *a priori* que sont les catégories. Autrement dit, même des concepts de l'entendement pur ne peuvent s'appliquer à l'expérience que s'ils se laissent représenter sous un aspect engageant une certaine image étendue, c'est-à-dire le sens externe pris au sens kantien :

Encore plus remarquable est-il cependant que, pour comprendre la possibilité des choses suivant les catégories et donc pour démontrer la *réalité objective de ces dernières*, nous ayons besoin, non simplement d'intuitions, mais même toujours d'intuitions externes. Si, par exemple, nous prenons les concepts purs de la *relation*, nous trouvons que 1. pour donner dans l'intuition quelque chose de *permanent* qui corresponde au concept de *substance* (et pour démontrer ainsi la réalité objective de ce concept), nous avons besoin d'une intuition *dans l'espace* (l'intuition de la matière), parce que seules les déterminations de l'espace possèdent un caractère de permanence, tandis que le temps, par conséquent tout ce qui est dans le sens interne, ne cesse de s'écouler[1].

Kant indique par ce biais la nécessité que les concepts fondamentaux de l'entendement pur, pour être démontrés en tant que réalités objectives, requièrent une certaine *figurabilité* laquelle sollicite le sens externe, c'est-à-dire l'espace. Ainsi, les catégories de relation, et en particulier celle de permanence, aussi intellectuelles soient-elles, ne peuvent-elles rejoindre l'objectivité que par la figurabilité qu'offrent les représentations spatiales puisque seule une réalité étendue offre l'image directe de ce qui persiste, alors même que le temps se veut cadre du changement. Quant à la causalité comme catégorie, en tant qu'elle implique un changement du fait même de l'action causale, elle requiert elle aussi un support spatial en vue d'être figurée :

2. Pour présenter le *changement* comme l'intuition correspondant au concept de la *causalité*, il nous faut prendre pour exemple le mouvement comme changement dans l'espace, ce qui constitue même la seule démarche par laquelle nous pouvons nous rendre intuitionnables

1. Kant, *Critique de la raison pure*, « Remarque générale sur le Système des principes », AK III, 300 ; B 291, trad. fr. A. Renaut p. 292.

des changements dont aucun entendement pur ne peut comprendre la possibilité[1].

Mais le temps lui-même en tant que sens interne doit pouvoir être pensé ; mais, pour être pensé, il doit pouvoir être représenté et la représentation du temps semble à son tour requérir une certaine figurabilité étendue « car pour faire en sorte que même des changements internes puissent ensuite nous être rendus susceptibles d'être pensés, il nous faut parvenir à saisir le temps comme forme du sens interne en le figurant par une ligne et le changement interne par le tracé de cette ligne (mouvement), ainsi que, par conséquent, notre propre existence successive dans ses différents états par une intuition extérieure. »[2].

Notre démarche rencontre à cet égard une analyse bergsonienne mais dans une perspective inversée : *avec* Bergson nous reconnaissons que la conceptualité ne se représente qu'au prix de la spatialisation – plus exactement : d'une figuration étendue – des concepts à l'aide d'une image sollicitant l'étendue. Mais, à l'encontre de Bergson, nous ne voyons pas là une infirmité de la pensée conceptuelle, corrompant sans cesse le sens par l'espace, mais bien plutôt une nécessité inhérente à la représentation dont rien ne permet de dire qu'elle en constitue une limite.

Le problème d'une détermination des phénomènes spatiaux comme extériorité

Mais il est une quatrième thèse, sans doute simplement effleurée ou suggérée jusqu'à présent, qui mérite d'être pleinement explicitée. À bien des égards, l'extériorité dont parle Hegel et qu'il reprend assurément à Kant, est ambiguë.

---

1. *Ibid.*
2. *Ibid.*, AK III, 301 ; B 292 ; trad. fr. A. Renaut, p. 293.

Par rapport à quoi, en effet, peut-il y avoir extériorité ? Si c'est par rapport au sujet, alors quelque chose ne pourrait lui être extérieur que si le sujet était lui-même *situé* ; ainsi, relativement à un lieu précis qu'occuperait le sujet, les phénomènes spatiaux (Kant) ou la Nature (Hegel) pourraient être dits extérieurs. Mais ni le sujet transcendantal ni l'esprit ne sont des corps ; ils ne sont donc pas situés spatialement, et l'on ne comprend pas bien ce que pourrait signifier dans ce cas l'extériorité des phénomènes et de la Nature. Remarquons par ailleurs que Descartes ne commet jamais l'erreur de dire des corps qu'ils sont *extérieurs* à l'esprit, car on ne voit pas comment une substance étendue pourrait être *extérieure* à une substance immatérielle.

Il ne serait pas absurde de considérer que ce problème de l'extériorité constitue une illustration de ce que Spengler cherchait à faire sentir : au lieu de dire des choses qu'elles *sont* et d'en décrire substantiellement la consistance, la modernité les déréalise pour, non seulement les penser en réseau mais en plus les subordonner à ce que le sujet peut en dire. Mais si l'approche réticulaire génère une co-dépendance entre réalités du même genre, la subordination des choses au sujet conduit presque mécaniquement à substituer l'idée d'extériorité à celle de présence, et génère la difficulté conceptuelle d'une extériorité à l'endroit d'un sujet non étendu.

Partant, seules deux options s'offrent à nous : soit il convient à la manière de Descartes de se contenter du concept d'étendue et d'abandonner celui d'extériorité, soit il convient de *spatialiser le sujet*, et d'adopter un geste phénoménologique initié par Husserl. Il se trouve que, sur le plan du vécu de conscience, il est vrai que nous nous représentons les choses comme extérieures à nous, et il nous semble donc pertinent de finir ce parcours par une approche phénoménologique du vécu spatial.

UNE SOLUTION PHÉNOMÉNOLOGIQUE?

Nous pouvons ainsi nous référer aux leçons regroupées sous le titre *Chose et espace. Leçons de 1907*. Ce sont des leçons difficiles, plus encore que celles sur le temps tenues en 1905, qui vont penser une phénoménologie spatiale, l'espace étant d'abord défini comme ce que parcourt mon corps. Husserl procède donc à une spatialisation du sujet qui rompt avec l'espace kantien ramené à une idéalité, mais aussi avec une approche purement physique de l'espace : phénoménologiquement, l'espace est ce que déterminent les mouvements du corps qu'Husserl conceptualise comme *kinesthèse*.

L'enjeu husserlien est donc double : il s'agit de manière évidente de penser la question spatiale non pas depuis la position extérieure d'un observateur mais au contraire de défendre l'inscription du sujet dans le monde. Je ne contemple pas l'espace et les choses spatialisées depuis une position non spatiale : je suis moi-même un corps spatialisé, évoluant dans le monde. Mais en même temps, cette approche depuis le corps doit être conquise et n'est pas immédiatement donnée ; en effet, ce qui se donne en premier lieu est une sorte d'adhésion ou de croyance à l'existence du monde. Autrement dit, de manière naïve, c'est le monde comme tel qui est premier, et dont l'existence nous paraît aller de soi, si bien que dans ce que Husserl appelle « l'attitude naturelle », nous partons du monde et en tant que nous pensons qu'il existe et croyons décrire ce qu'il contient. Or, en partant du monde, donc en adoptant l'attitude naturelle qui est une sorte d'attitude quotidienne non réfléchie, nous sommes convaincus de l'existence d'un monde dans lequel les choses sont séparées par des intervalles, de sorte que nous puissions nous déplacer entre elles, choses qui elles-mêmes se déploient dans un certain espace comme si elles contenaient de l'espace, bien que l'espace ne soit jamais véritablement perçu comme tel. Le monde ne montre pas tant l'espace que des choses étendues et éloignées les unes des autres.

Ainsi donc nous faut-il partir de l'attitude naturelle, de la croyance dans l'existence du monde, décrire le contenu d'une telle croyance et poser le rôle de notre corps qui au fond évolue entre les choses et constitue une sorte de « point zéro » depuis lequel peuvent être décrites les relations spatiales, ce que résume fort bien Husserl dans le § 2 :

> Dans l'attitude d'esprit naturelle, un monde existant se tient devant nos yeux, un monde qui s'étend sans fin dans l'espace, est à présent, a été auparavant, et sera à l'avenir ; il se compose d'une inépuisable profusion de choses, qui tantôt durent, et tantôt changent, se rattachent les unes aux autres et se séparent à nouveau, produisent des effets les unes sur les autres, et en subissent les unes de la part des autres. [...]. Les objets environnants, avec leurs propriétés, changements, rapports, sont ce qu'ils sont, en eux-mêmes, mais ils ont par rapport à nous une position, tout d'abord spatio-temporelle, puis aussi « spirituelle ». Nous percevons immédiatement un environnement proche autour de nous ; il est conjointement avec nous, en même temps que nous, et entretient avec nous la relation de l'être-vu, touché, entendu, etc[1].

Supposons à présent que, par la première étape de réduction phénoménologique, soit suspendue (*épokhè*) la créance en l'existence du monde, donc que soit suspendue la croyance qu'il existe véritablement une réalité indépendante

---

1. Husserl, *Chose et espace. Leçons de 1907*, § 2, trad. fr. J.-F. Lavigne, « Épiméthée », Paris, P.U.F., 1989, p. 24-25.

de nous. Cela ne suspendrait absolument pas ce que nous voyons, sentons, touchons ; autrement dit, la conscience continuerait d'éprouver ce qu'elle éprouve, à ceci près qu'elle suspendrait la croyance en l'existence d'une réalité autonome depuis laquelle se donneraient sensations, impressions, etc., ce qui revient à dire que la conscience n'aurait plus affaire à des représentations d'une réalité extérieure mais à ses propres actes conscients. Dans ce cas, le monde n'est plus cette réalité autonome mais devient ce que me donne mon corps depuis son mouvement. Mais le corps, en tant qu'objet du monde, peut lui-même être réduit, de sorte que ma créance en son existence soit suspendue. Pourtant, là aussi, je continue de sentir, d'éprouver, ce qui revient à dire qu'à l'issue de la réduction phénoménologique demeure non pas le corps physique, matériel, mais un corps propre senti comme « chair ». Celle-ci peut être définie comme la conscience d'un corps senti, d'un corps propre qui, lieu de la conscience, est tout à la fois senti et sentant.

Toute l'ambition de Husserl consiste alors à faire de ce corps propre, dont a été suspendue la croyance en une réalité objective et physique, le pôle depuis lequel peut être pensée la spatialité authentique. Autrement dit, c'est à la chair que revient la tâche de constituer l'espace, de constituer le sens même de la spatialité, et de déterminer depuis cette tridimensionnalité *consciemment* éprouvée le sens tridimensionnel des choses spatiales et leur orientation. C'est pourquoi, la distance, l'orientation mais aussi la profondeur ne sont pas tant des données objectives que la manière dont mon corps propre envisage le rapport à ses vécus en tant que spatiaux. Autrement dit, phénoméno-logiquement parlant, la distance est d'abord et avant tout la condition perceptive fondamentale : on ne perçoit pas sans distance, on ne perçoit pas sans orientation, on ne perçoit pas sans profondeur, autant de conditions perceptives enracinées dans la manière de sentir du corps propre.

Mais ces conditions perceptives vont à leur tour déterminer une nécessité perceptive : il est impossible de percevoir l'objet en son entièreté. Autrement dit, l'objet ne peut structurellement se donner que dans son incomplétude ou, pour le nommer avec Husserl, par « esquisses », dans des perspectives nécessairement incomplètes. Pour le dire autrement, la spatialité même de la conscience perceptive fait que ce qui se donne spatialement ne se donne *qu'en partie* :

> Ce que nous prenons, dans notre naïveté phénoménologique, pour de simples données de fait : que, "pour nous, hommes", une chose spatiale apparaisse toujours dans une certaine "orientation", par exemple (dans le champ visuel) orientée selon le haut et le bas, la droite et la gauche, le proche et le lointain ; que nous ne puissions voir une chose matérielle que dans une certaine "profondeur", une certaine "distance" […]. Il apparaît donc que ce n'est pas simplement pour nous, hommes, mais aussi pour Dieu – en tant que représentant idéal de la connaissance absolue – que tout ce qui a le caractère de la chose spatiale ne peut être intuitionné qu'à travers des apparitions dans lesquelles cela est donné – et doit être donné – "en perspective", dans un changement aux modalités multiples mais déterminées, et, de plus, dans des "orientations" changeantes[1].

Qu'est-ce à dire ? Tout simplement que se noue un lien entre spatialité et mondanéité ; de l'objet, il est impossible

---

1. Husserl, *Idées directrices pour une phénoménologie pure et une philosophie phénoménologique*, § 150, trad. fr. J.-F. Lavigne, Paris, Gallimard, 2018, p. 445-446.

de percevoir sur le plan spatial la totalité, quelle que soit la conscience en jeu. C'est donc une nécessité d'essence que de rendre compte de la perception comme une série d'esquisses et non comme la donation pleine et entière de l'objet, la totalité de celui-ci ne pouvant être qu'un horizon idéal assurant son identité au cours de la perception.

Il apparaît à ce stade de la réflexion que Husserl, tout en ayant fort bien repéré le problème de l'extériorité et ainsi spatialisé le sujet par le corps, n'a pas véritablement autonomisé ce dernier : le corps, chez Husserl, est au service de la conscience, et lui permet d'être située, mobile, mais seule la conscience est donatrice de sens. Du reste, le corps en tant que réalité physique se trouve emporté par la réduction phénoménologique et, par le corps propre ou la chair, c'est en réalité la conscience qui agit et détermine le sens de la spatialité. De ce fait, la solution husserlienne peut sembler purement verbale en ceci que les relations spatiales constituées depuis le corps propre le sont en réalité depuis la chair, depuis le corps en tant que consciemment senti et sentant, si bien que le problème initial ne se trouve pas pleinement résolu : la présence de la conscience en embuscade du corps propre reconduit l'ambiguïté de l'extériorité, et on peut considérer que c'est contre elle que Merleau-Ponty élaborera sa propre approche du corps propre ou que, plus récemment, Renaud Barbaras, voyant dans le corps propre de Merleau-Ponty une persistance de la subjectivité transcendantale, repensera à nouveaux frais la question de l'espace[1].

---

1. *Cf.* en particulier R. Barbaras, *L'appartenance...*, *op. cit.*

INDICATIONS BIBLIOGRAPHIQUES

GÉNÉRALITÉS

PAQUOT T. et YOUNÈS C., *Espace et lieu dans la pensée occidentale*, Paris, La Découverte, 2012.

BERTHOZ A. et RECHT R. (éd.), *Les espaces de l'homme*, Paris, Odile Jacob, 2005.

SLOTERDIJK P., *Sphères*, tomes I : *Bulles*, II : *Globes*, et III : *Écumes*, « Pluriel », Hachette, 2003, 2010 et 2005.

CLASSIQUES

PLATON, *Timée*, trad. fr. L. Brisson, Paris, GF-Flammarion, 2017.

ARISTOTE, *Physique*, livre IV, trad. fr. P. Pellegrin, Paris, GF-Flammarion, 2000.

BRUNO G., *De l'infini, de l'univers et des mondes*, Paris, Les Belles Lettres, 2003.

DESCARTES, *Méditations Métaphysiques*, Méditation II, dans *Œuvres complètes*, IV-1, Paris, Tel-Gallimard, 2018.

– Lettre à Élisabeth du 28 juin 1643, *Œuvres complètes*, tome VIII, Paris, Tel-Gallimard, 2016.

– *Principes de la Philosophie*, Livre II, en particulier § 2, 4, 10, 14, 16, éd. F. Alquié, revue par D. Moreau, *Œuvres philosophiques*, tome III, Paris, Classiques Garnier, 2018.

LEIBNIZ, *Correspondance Leibniz-Clarke*, Paris, P.U.F., 1991.

MALEBRANCHE, *Entretiens sur la Métaphysique*, Paris, Vrin, 2017, notamment la Préface.

– *De la Recherche de la vérité. Livres IV-VI*, Paris, Vrin, 2006, Livre IV, chapitre 11.

– *Éclaircissements à la Recherche de la vérité*, dans *Œuvres complètes III. De la recherche de la vérité. Éclaircissements*, Paris, Vrin, 1976, 10ᵉ éclaircissement.

HUME, *Traité de la Nature humaine*, Livre I. « L'entendement », trad. fr. M. Malherbe, partie 2 et partie 4, Paris, Vrin, 2022.

KANT, *Critique de la raison pure*, « Esthétique transcendantale » et première antinomie de la raison pure, trad. fr. A. Renaut, GF-Flammarion, 2006.

HEGEL, *Phénoménologie de l'esprit*, « La certitude sensible », trad. fr. B. Bourgeois, Paris, Vrin, 2005, réed. en poche, 2018.

– *Science de la Logique*, tome I, *L'être*, 2ᵉ section, 2ᵉ chapitre « Le Quantum », Partie A « Le Nombre », et Partie C « L'infinité quantitative », en particulier la remarque 2, trad. fr. B. Bourgeois, Paris, Vrin, 2015.

– *Encyclopédie des sciences philosophiques*, tome II « La Nature », Première section « La Mécanique », § 253-256, trad. fr. B. Bourgeois, Paris, Vrin, 2004.

BERGSON, *Essais sur les données immédiates de la conscience*, Paris, P.U.F., 2013.

CASSIRER, *Individu et cosmos dans la philosophie de la Renaissance*, trad. fr. P. Quillet, Paris, Minuit, 1983.

– *Essai sur l'homme*, I, chap. 4, trad. fr. N. Massa, Paris, Minuit, 1975.

– « Espace mythique, espace esthétique et espace théorique », dans E. Cassirer, *Écrits sur l'art*, Paris, Cerf, 1995.

BACHELARD, *La poétique de l'espace*, Paris, P.U.F., 2012.

PHÉNOMÉNOLOGIE DE L'ESPACE

HUSSERL, *Chose et espace. Leçons de 1907*, trad. fr. J.-F. Lavigne, « Epiméthée », Paris, P.U.F., 1989.

HEIDEGGER, *Être et Temps*, § 19-24 et § 70. trad. fr. E. Martineau, disponible en ligne : http://t.m.p.free.fr/textes/Heidegger_etre_et_temps.pdf.

– « Bâtir, habiter, penser », dans *Essais et Conférences*, trad. fr. A. Préau, Paris, Tel-Gallimard, 1980.

– « L'homme habite en poète », dans *Essais et Conférences*, *op. cit.*

SARTRE, *L'être et le néant*, 2ᵉ partie, chapitre IV : « Le temps du monde », « B) Le présent », Paris, Tel-Gallimard, 1976.

MERLEAU-PONTY, *Phénoménologie de la perception*, chapitre « La spatialité du corps propre et la motricité » de la première section ; chapitre « Espace » de la seconde section, Paris, Tel-Gallimard, 1976.

CHRÉTIEN J.-L., *L'espace intérieur*, Paris, Minuit, 2014.

– *La joie spacieuse. Essai sur la dilatation*, Paris, Minuit, 2007.

L'ESPACE EN SCIENCES PHYSIQUES

Généralités

JAMMER M., *Concepts d'espace, une histoire des théories de l'espace en physique*, trad. fr. L. Mayet, Paris, Vrin, 2008.

KOYRÉ A., *Du monde clos à l'univers infini*, Paris, Tel-Gallimard, 1988.

Science contemporaine

CARNAP, *L'espace*, trad. fr. P. Wagner, Gallimard, 2017.

GREENE B., *La magie du cosmos*, Paris, Gallimard, 2004.

LACHIÈZE-REY, *Au-delà de l'espace et du temps. La nouvelle physique*, Paris, Le Pommier, 2004.

POINCARÉ H., *La science et l'hypothèse*, 2ᵉ partie « L'espace », Paris, Champs-Flammarion, 2017.

– *Science et méthode*, Livre II, chapitre 1, Éditions Ducourt, 2020.

ESPACE ARTISTIQUE

HEGEL, *Esthétique*, 3 e section « Des arts romantiques », trad. fr. Timmermans, Zaccaria, Paris, LGF, 1997.

PANOFSKY E., *La perspective comme forme symbolique*, trad. fr.
G. Ballangé, Paris, Minuit, 1975.

BLANCHOT M., *L'espace littéraire*, Paris, Gallimard, 1988.

MERLEAU-PONTY, *L'œil et l'esprit*, Paris, Gallimard, 1985.

FRANCASTEL P., *Peinture et société. Naissance et destruction
d'un espace pictural de la Renaissance au cubisme*, Paris,
Gallimard, 1965.

– *La figure et le lieu. L'ordre visuel du Quattrocento*, Paris,
Gallimard, 1967.

ARASSE D., *L'annonciation italienne. Une histoire de perspective*,
Paris, Hazan, 1999.

ANDREWS L., *Story and Space in Renaissance Art*, Cambridge,
Cambridge University Press, 1995.

TABLE DES MATIÈRES

Achevé d'imprimer en avril 2023
La Manufacture - Imprimeur – 52200 Langres – Tél. : (33) 325 845 892
Imprimé en France – N° 230319 – Dépôt légal :avril 2023